Gamificación didáctica

Eva García Muntión
Eduardo Mota Seisdedos

Gamificación didáctica

Manual práctico para la enseñanza

Octaedro

Colección Horizontes Universidad

Título: *Gamificación didáctica. Manual práctico para la enseñanza*

Primera edición: abril de 2024

© Eva García Muntión, Eduardo Mota Seisdedos

© De esta edición:
Ediciones OCTAEDRO, S. L.
C/ Bailén, 5 – 08010 Barcelona
Tel.: 93 246 40 02
http: www.octaedro.com
email: octaedro@octaedro.com

ISBN: 978-84-19900-64-7
Depósito legal: B 7279-2024

Diseño y producción: Octaedro Editorial

Impresión: Masquelibros

Impreso en España – *Printed in Spain*

Sumario

Prólogo

En un rincón remoto de las montañas se escondía un pequeño pueblo llamado
Piedra Dorada. El nombre se debía a la leyenda que había sido transmitida de
generación en generación: en algún lugar de las colinas que rodeaban el pueblo,
se encontraba un río mágico que contenía pepitas de oro en sus aguas cristalinas.

Un día, un joven llamado Mateo llegó a Piedra Dorada en busca de una nueva
vida. Escuchó las historias sobre el río dorado y sintió una emoción abrumadora
por la posibilidad de encontrar esa riqueza. Decidió embarcarse en una búsqueda
para descubrir el mítico río y encontrar al menos una de sus pepitas de oro.

Equipado con una pala, una cacerola y su determinación, Mateo comenzó
a explorar los bosques y las montañas que rodeaban el pueblo. Durante días,
recorrió senderos empinados y cruzó arroyos burbujeantes, pero la búsqueda no
resultó fácil. Cada vez que llenaba su cacerola con arena y la sumergía en el
agua, solo encontraba pequeñas piedras brillantes, pero nada de oro.

El desánimo empezó a apoderarse de él, pero Mateo no se rindió. Con el
tiempo, comenzó a hablar con los lugareños, aprendiendo más sobre la historia
del río y las estrategias para buscar oro. Una anciana sabia le sugirió que bus-
cara en los rincones menos explorados, donde la corriente del río podría haber
depositado las pepitas.

Siguiendo este consejo, Mateo se aventuró más lejos de lo que jamás había
ido. Llegó a un lugar donde el río serpenteaba a través de un estrecho cañón.
Allí notó que las corrientes eran más tranquilas y las piedras más redondas. Con
una mezcla de esperanza y emoción, comenzó a llenar su cacerola con arena de
los bancos del río y a agitarla en el agua.

Para su asombro, después de varios intentos, vio destellos dorados en la cacerola. ¡Había encontrado una pepita de oro! ¿Qué maravillas podría hacer con
ella ahora?

(Historia generada usando ChatGPT)

1. Significado de este libro

Desde hace unos 10 años se ha hablado de gamificación educativa en distintos contextos, por distintos agentes y con diversos intereses, hasta el punto de que a ratos pueda considerarse una moda. Estos empujes llevan muchas veces a que se acumulen conceptos, experiencias y connotaciones. La acumulación ofrece el beneficio de poder aprender de lo que otros ya saben y la dificultad de diferenciar ideas que se consideraron al principio y han acabado siendo descartadas, como pueden ser en este caso cuáles de estos conceptos, experiencias y connotaciones son más actuales o empiezan a ser revisados, y cuáles beben de intereses puramente pedagógicos o quizá provengan de áreas con principios y objetivos diferentes al campo de la educación (por ejemplo, el *marketing*). Es decir, se genera ruido y a veces resulta difícil ser oídos, o, en otros casos, ser escuchados.

Nosotros intentamos estar al filo del conocimiento pedagógico, al filo de la experimentación educativa y en aprendizaje continuo. Llevamos haciéndolo activamente desde 2014, casi el mismo tiempo que la propia bibliografía en gamificación educativa, y lo hemos hecho ya con más de dos mil personas en múltiples países, trabajando en diversas disciplinas y con edades comprendidas entre los 12 y los 65 años, a veces en contextos de educación formal, y otras no formal. Y queremos aportar este valor a la comunidad de educadores, sea cual sea su ámbito. Algunas de las ideas que trasladamos en este libro rompen con otras inicialmente establecidas y pueden chocar con connotaciones que se tengan al inicio de la lectura. Humildemente, consideramos que podemos aportar valor, ser una de entre muchas pepitas de oro, merecer ser escuchados. Esto es lo que pedimos a quien lea este libro: una escucha abierta, sincera, que ojalá os sea útil.

Para trasladar este deseo e intentar escapar un poco del ruido, hemos decidido usar en el título el término *gamificación didáctica*, en lugar de *educativa*. Nos referimos a la gamificación que trata de optimizar los procesos de enseñanza-aprendizaje y considerar en la medida de lo posible una educación integral (intelectual, comunicativa, social y afectiva).

2. Gamificación

Eva García Muntión

2.1. ¿Qué es gamificación, hasta dónde llega y cómo se diferencia de otras corrientes de enseñanza ludificada? ¿Es esto importante para la práctica educativa?

Ahora que se habla tanto de la gamificación en el aula y los beneficios que puede traer al aprendizaje, es el momento de preguntarnos si de verdad sabemos lo que es y, por tanto, estamos preparados para llevarla a cabo. E incluso después de leer numerosos artículos y libros al respecto, puede resultar difícil que el concepto quede totalmente claro.

El problema, en gran parte, está en la confluencia de palabras: gamificación, aprendizaje basado en juegos, ludificación, juegos serios... Y todavía peor si consideramos las posibilidades en inglés: *gamification, game-based learning, ludification, serious games, gameful learning, gamefulness...*

El **aprendizaje basado en juegos** utiliza de forma directa juegos (completos) para tratar de potenciar el aprendizaje. En la mayoría de los casos, el foco central de la atención del estudiante o participante en la formación será el juego, y sus objetivos serán: jugar (el principal) e, indirectamente, aprender (objetivo secundario). El espíritu de juego es fuerte en el ser humano y, aunque se modula, prevalece en todas las edades, culturas y contextos.

Un ejemplo es el uso de juegos de construcciones para explorar la relación entre formas geométricas; o utilizar un memorama que refuerce la creación de relaciones entre parejas de conceptos (ej.: animal-alimento, o actividad-emoción).

Otro ejemplo son los múltiples juegos de mesa y videojuegos que se han desarrollado para la comprensión y práctica de las operaciones matemáticas;

o un simulador de vuelo. Son los llamados «juegos serios»: juegos específicamente diseñados para enseñar algo concreto y generar experiencia en habilidades determinadas.

La **gamificación** es un concepto más novedoso,[1] que se define como el uso estratégico de elementos y dinámicas propias del juego y su cultura[2] en contextos ajenos al juego (*marketing*, educación, comunicación, etc.).

En relación con la educación, se entiende como las estrategias de uso intencionado de componentes del juego para mejorar el aprendizaje a través del aumento de la atención, la participación y la motivación. En este caso, el objetivo es aprender, y lo que se incorpora del juego es un refuerzo. Su ventaja es que las gamificaciones son adaptables, transferibles de una situación a otra; mientras que los juegos serios son fijos, están preconfigurados para un uso y objetivo concretos que no se pueden cambiar.

Por ejemplo: hacer que una alumna explique una lección a sus compañeros y diseñe un cuestionario o *quiz* para testarlos es gamificación, ya que incorpora un elemento típico del juego, que es el rol. Para que su naturaleza gamificadora fuera más completa, habría que encontrar una forma de que la alumna se metiera realmente en el papel de profesora y sus compañeros operasen realmente conforme a ese nuevo rol (que se disfrace, que trate de imitar al profesor o profesora de la asignatura en cuestión, que la nota del *quiz* se tenga en cuenta de alguna manera en la calificación final…).

Otra posibilidad es el reto. Por ejemplo, se puede mostrar a los alumnos fragmentos de películas que esconden conceptos relacionados con la materia, y tienen que descubrirlos. O pueden ser vídeos en internet. Por ejemplo, vídeos de personas famosas hablando a distintos públicos en distintas situaciones para que descubran cuáles son y cómo funcionan los elementos de la comunicación antes de explicárselos y profundizar en ellos. De nuevo, esta actividad podrá diseñarse de distintas formas, tratando de potenciar su naturaleza gamificadora.[3]

Todavía más recientemente, es la **ludificación**. Se trata de integrar componentes del juego dentro de las historias (sus estructuras lineales,

---

1. Surge a principios del siglo XXI, aunque es a partir de 2014 cuando su definición pedagógica empieza a asentarse.
2. Estética y formas de pensamiento.
3. Seguiremos construyendo sobre este ejemplo más adelante.

como puede ser la trama, y sus objetos principales, como, por ejemplo, los personajes) para crear nuevas interacciones entre ellas y su público a través de distintos medios (*transmedia*). Se centra entre la intersección entre los componentes del juego y los del *storytelling*.

> Por ejemplo, si se plantea a los alumnos/as que lean y analicen un texto desde el punto de vista de distintos personajes y con distintos objetivos («imagina que eres el dirigente de tu nación en el siglo III a.C y tienes que definir, a partir de este texto, las posibles medidas de seguridad personal que los ciudadanos pueden adoptar tras la invasión de este enemigo») y luego que debatan sobre la efectividad de esas medidas y se escriba un bando para que los pregoneros lo difundan). O si se les pide que caractericen a los distintos personajes de una historia.

En realidad, tanto el aprendizaje basado en juegos como la gamificación y la ludificación usan las mismas herramientas, pero lo hacen de forma distinta. A veces los límites entre estas metodologías se difuminan (por ejemplo, cuando se utilizan escenarios de gamificación intensiva). ¿Importa esto para la práctica educativa? En realidad ¡no! Lo que necesitamos mantener realmente claro mientras usamos estas estrategias en un aula es qué estamos tratando de enseñar o qué queremos que los participantes aprendan gracias a ellas. Nunca se ha de perder el foco en ese punto.

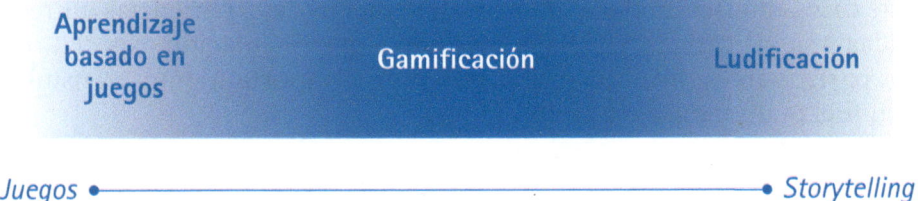

Figura 2.1. Relación de conceptos alrededor de la gamificación educativa.

Una conclusión importante es que **para que la gamificación sea realmente didáctica (enfocada en optimizar los procesos de enseñanza-aprendizaje) se requiere la presencia del educador o educadora; de hecho, su papel es fundamental.** Este libro trata de ayudar precisamente a desarrollar ese papel.

2.2. Gamificar o no gamificar... ¿Qué nos dicen la ciencia y la práctica sobre sus ventajas?

Gamificar o no gamificar, esa ha sido durante un tiempo la cuestión. A nosotros el uso de gamificación nos ayuda a que se aprenda más profundamente con mayor velocidad, a que se retengan mejor los contenidos en el tiempo y a generar curiosidad y aumentar el deseo de aprender durante la formación y más allá.[4] En nuestra experiencia durante años, gamificar funciona si se cumplen ciertos principios. Y hemos estudiado múltiples informes y estudios de investigadores en pedagogía que tienden a confirmar esta idea, sobre todo los más recientes (todos recogidos en la bibliografía).

Hoy en día la cuestión ya no es si gamificar o no, sino cómo, cuándo y cuánto hacerlo.

Lo relevante, entonces, es conocer cuáles son los **factores de diseño**. En la tabla 2.1 recogemos los fundamentales.

Profundizaremos en cada uno de estos principios a lo largo del libro (sobre todo, en el siguiente capítulo), pero creemos relevante resaltarlos e introducirlos aquí todos juntos. Su importancia para la efectividad didáctica de la gamificación es la razón por la que cada vez hay más referencias que definen gamificación como técnica, método y estrategia a la vez;[5] o consideran que la gamificación es un proceso de diseño para la incorporación de componentes y principios del juego en un sistema, sin afectar su objetivo y función, de forma que se mejore el servicio (en este caso, educacional) mediante la generación de experiencias entretenidas y significativas, y el valor añadido (una vinculación especial con los participantes, incentivar un cambio de comportamiento, transmitir con fuerza un mensaje o contenido…).[6]

---

4. La bibliografía científica resalta más la eficacia de la gamificación educativa en potenciar la atención, la participación y la motivación. Son variables un poco diferentes a las que hemos listado como percibidas por nosotros, aunque relacionadas entre sí. Seguramente, la gamificación potencie la atención, la participación y la motivación (causas), y eso se traduzca en velocidad de aprendizaje, retención y curiosidad (efectos). En concreto, el aspecto de la motivación preocupa en el contexto de la gamificación educativa, por lo que le dedicaremos atención en el siguiente capítulo.

5. Por ejemplo, Marín y Hierro (2013) lo explican de forma muy clara en su libro *Gamificación. El poder del juego en la gestión empresarial y la conexión con los clientes*.

6. Por ejemplo, Tang, Zhang y Jia (2020), en su artículo «Using gamification to support users' adoption of contextual achievement goals», explican las teorías pedagógicas subyacentes a esta concepción de la gamificación como proceso.

Tabla 2.1. Principios clave del diseño de gamificaciones para maximizar su potencial didáctico

1. Mantener siempre el foco en el objetivo educativo, que la gamificación sea siempre un medio, nunca el fin.

Este principio ya lo hemos comentado y lo repetiremos más veces a lo largo del libro. Perdonad nuestra insistencia, ¡es importante!

2. Integrar la gamificación como verdadero elemento didáctico.

Se trata de que los componentes del juego formen parte de la enseñanza en sí, que no sean solo un elemento de diversión que solapa o sobrevuela el proceso de enseñanza-aprendizaje de forma externa al mismo. Es una idea que todavía no se recoge apenas en la bibliografía (o por lo menos no de forma directa), mientras que nuestra experiencia nos dice que es fundamental.

3. Otro factor clave es la intensidad de gamificación.

Es decir, el número de componentes de juego que se manejan en una misma sesión, durante cuánto tiempo y cómo de importantes son para lograr el aprendizaje deseado. Es una idea que empieza a recogerse en la bibliografía (aunque todavía no denominada de esta forma, como variable concreta y medible en sí misma, sino considerada únicamente como principio general). De nuevo, nuestra experiencia nos dice que es fundamental.

4. Y finalmente la dosis: cuándo gamificar y cuándo no.

Es importante mantener un equilibrio, porque si gamificamos demasiado a menudo en nuestro trabajo con un mismo grupo, puede perder efectividad (incluso acabar perjudicando el aprendizaje en las sesiones en las que no usamos gamificación de ningún tipo). Además, solo debe usarse si de verdad pensamos que va a ayudar a lograr un mejor o mayor aprendizaje (lo que no logrará si es la única técnica didáctica que usamos). Sobre esto sí hay más bibliografía.[7]

---

7. Por ejemplo, Sailer *et al.* (2017) lo introducen en su artículo «How gamification motivates: an experimental study of the effects of specific game design elements on phychological need satisfaction».

2.3. La caja de herramientas para la gamificación. ¿Qué tenemos a nuestra disposición?

Teniendo en cuenta la definición de gamificación, se trata de usar elementos y dinámicas propias del juego; estas son, por tanto, nuestras herramientas.

La definición de qué es un elemento del juego y qué es una dinámica constituye todavía un debate abierto en la investigación pedagógica. En este libro tratamos de dar con la definición que, siendo aceptada científicamente, más nos facilite la posibilidad de usar gamificación para enseñar o promover que se aprenda.

Así, **elementos del juego** se refiere a los componentes materiales y obvios de un juego; por ejemplo, el tablero o las fichas, o la existencia de puntos.

Las **dinámicas del juego**[8] se refiere a las pautas subyacentes a un juego que lo hacen entretenido, que atrae a los jugadores, les guía y determina su comportamiento o actitud… Se trata de componentes abstractos relacionados con la psicología humana, que apoyan la experiencia o vivencia.

Un ejemplo sería convertir a los jugadores en héroes que tratan de resolver en equipo un problema de supervivencia planetaria.

Hay muchos más componentes de los que uno se imagina *a priori*. Sin tratar de confeccionar una lista exhaustiva, pero sí que favorezca la creatividad, la tabla 2.2 recoge los principales elementos y dinámicas del juego que se pueden usar en gamificación educativa. Ambos grupos están relacionados entre sí, dado que la elección de las dinámicas condiciona los elementos que se vayan a utilizar, y el uso de ciertos elementos favorece unas dinámicas sobre otras.

---

8. Se trata de una definición diferente a la que suele usarse en teoría de juegos (que diferencia entre mecánica del juego –las reglas– y dinámica –la forma en que el jugador interactúa con las reglas, o juego, y con otros jugadores–). Considerar únicamente elementos y dinámicas es un enfoque que está cobrando fuerza en el contexto de la gamificación educativa, y creemos que hace más fácil el trabajo de quienes educan si lo que quieren es gamificar un proceso de enseñanza-aprendizaje, no desarrollar un videojuego.

Tabla 2.2. Elementos y dinámicas del juego que se pueden usar en gamificación educativa

Elementos del juego	Dinámicas del juego
• Tablero	• Roles
• Avatares o fichas/equipamiento	• Reto/desafío épico
• Equipos	• Aventura, búsqueda/coleccionismo
• Niveles	• Competición cooperación
• Puntos y similares	• *Quiz*, acertijo, puzle
• Vidas/salvavidas	• Construcción, diseño
• Medallas e insignias	• Narrativa/historia/mundo
• Recompensas	• Libertad/elección entre opciones/interactividad
• Penalizaciones	• Debate
• Tablas de clasificación	• Elemento sorpres eventos especiales
• Número limitado de intentos/cuenta atrás	• Azar
• Pistas	• Uso del espacio/la movilidad

Algunos autores llaman «contenido» a las dinámicas de gamificación que hemos presentado, y «estrategia» a los elementos del juego que se usan para potenciar dichas dinámicas.[9] Es una división interesante que en determinados momentos nos puede ayudar a elegir qué herramientas usar en una determinada gamificación y cuáles dejar para otra ocasión. Además, permite ahondar en la idea de que los elementos y dinámicas se relacionan entre sí, y de que unos elementos potencian mejor unas dinámicas que otras. Volveremos a esta idea en los próximos capítulos.

En esta caja de herramientas falta una funcionalidad especial del juego que es el *feedback*, o **retroalimentación**. Consiste en dar información directa y clara sobre si lo que se hace es correcto, incorrecto o mejorable, y siempre ocurre, de una forma u otra, en contextos gamificados. Hay elementos del juego directamente vinculados a esta funcionalidad (ej.: puntos, pasar de nivel, vidas que se acaban, etc.), que normalmente dan un *feedback* evaluativo, en el sentido de que solo dicen si correcto, incorrecto o mejorable. Y hay dinámicas que se centran también en esta

9. Por ejemplo, Guerrero y Kalmi (2022) en su artículo «Gamification strategies: a characterization using formal argumentation theory», que además presenta un árbol de categorías y subcategorías de «contenidos y estrategias» de gamificación.

funcionalidad central (ej.: el debate) y normalmente dan un *feedback* más completo (por qué, sí o no, cómo se podría mejorar).

Además, en gamificación siempre se da la oportunidad de reaccionar a ese *feedback* a través de la aportación de ideas propias (o, por lo menos, debería). El *feedback* es importante porque encierra engranajes clave para dinamizar el aprendizaje y la motivación, como veremos en profundidad en el capítulo siguiente.

Con esta caja de herramientas podemos:

- Diseñar nuevas gamificaciones.
- Adaptar gamificaciones que otros han diseñado para el uso en nuestras enseñanzas, o gamificaciones propias que queremos transferir de un contexto a otro.
- Mejorar gamificaciones que conocemos bien.
- Ajustar gamificaciones en tiempo real según evolucione la interacción del grupo en particular y sus integrantes.

2.4. Clasificación de estrategias de gamificación. ¿Qué tipos generales de cosas puedo tratar de hacer?

Existen numerosas y extensas fuentes de información sobre qué tipos de juegos hay y cómo pueden clasificarse (libros, artículos científicos, blogs…). Resumiendo estas fuentes, se pueden diferenciar:

a) Juegos de simulación y, relacionado con estos, los *role-play*.
b) Juegos de estrategia y acertijos, entre los que se encuentran muchos juegos de mesa y de cartas.
c) Videojuegos.
d) Juegos masivos, que se realizan en grupo y responden al principio de sociabilización. Dentro de este grupo están los juegos deportivos y los «juegos inactivos», en los que ocasionalmente se puede interaccionar, pero la mayoría del tiempo se deja que el juego evolucione a su aire.

Además, dentro de estos grandes grupos se encuentran subcategorías; resaltan especialmente los videojuegos, que se pueden agrupar en juegos de acción, de arcade , de estrategia, de aventuras gráficas, deportivos, etc.

Los juegos también pueden clasificarse por su nivel de interactividad (baja, media o alta) y navegabilidad (si es lineal, si es en estrella o compleja, o si mezcla las dos posibilidades anteriores).

Finalmente, hay algunas clasificaciones en relación con la actuación de los participantes y entre ellos. Así, por ejemplo, podemos hablar de los siguientes juegos:

- Cooperativos (los participantes colaboran entre sí para lograr un objetivo común, compartiendo el resultado –ganar o perder– como en el juego de mímica) o competitivos (cuando los jugadores luchan por ganar al resto, como en el parchís).
- Simultáneos (los jugadores deciden sin conocer las elecciones de sus oponentes –como en el juego de cartas «burro»–) o dinámicos (cuando sí se ve, hasta cierto punto, lo que los otros están haciendo –como en el póker–).
- Simétricos (si todos siguen las mismas reglas y las recompensas y penalizaciones son las mismas para todos los jugadores –como, por ejemplo, en el parchís–) o asimétricos (como en «policías y ladrones», donde unos ladrones pueden salvar a otros y penalizar a los policías).
- De suma cero (la ganancia o pérdida de un participante se equilibra con exactitud con las pérdidas o ganancias de los otros, como en «piedra, papel o tijera», donde un jugador gana y otro pierde, dando un $-1 + 1 = 0$; o ambos empatan, que también es igual a 0) frente a los juegos de suma variable (la ganancia de un jugador no significa necesariamente la pérdida de otro jugador o jugadora, sino que puede haber circunstancias ganancia-ganancia –por ejemplo, aquellos en los que la interacción entre los jugadores y de estos con la banca genera un plus de valor–).
- De forma normal (representados por una matriz plana de posibilidades –como «el buscaminas»–), y los de forma extensiva (modelados con algún orden en forma de árbol –como, por ejemplo, «la oca», donde hay un árbol del tipo «si cae en una oca, entonces…–).

La realidad es que los juegos casi nunca pertenecen a una de estas categorías de forma única, sino que combinan posibilidades.

Pero ya sabemos que gamificación no es lo mismo que juego, por lo que requiere su propia clasificación. Y esto ya es mucho más difícil de encontrar. La tabla 2.3 muestra una clasificación que recopila categorías encontradas en artículos científicos que –pensamos– pueden ayudar a la práctica educativa, mezcladas con tipos de estrategias que hemos identificado o definido y validado a lo largo de nuestros años de experiencia gamificando formación. Se trata de tener una lista que ayude durante la toma de decisiones sobre qué podemos hacer.

La clave es **centrarse en el objetivo educativo que se trata de conseguir**. Este es el criterio que nosotros hemos aplicado a la hora de diferenciar clases de gamificación educativa, buscando lo que llamamos **gamificación integrada**; es decir, gamificación que forma parte de la enseñanza en sí misma.

Tabla 2.3. Clasificación didáctica de estrategias de gamificación educativa

Gamificaciones que...	Ejemplos y consideraciones
Buscan el aprendizaje y exploración por prueba y error.	Se plantea una pregunta y, en función de la respuesta, el alumno llega a la línea de meta en una carrera o se le para antes de lograrlo (si la respuesta es incorrecta), o avanza más o menos rápido (en función de la calidad de la respuesta). A continuación, se explica el método para mejorar y se le permite iterar de nuevo.[10]
Buscan el aprendizaje por descubrimiento.	Descubrir los elementos de la comunicación y su uso óptimo o mejorable en vídeos de famosos que son referentes para los participantes en la formación, o que podrían serlo al conocerlos.[11]
Tratan de potenciar ciertas competencias (liderazgo, toma de decisiones, resolución de problemas, creatividad...).	Usar *role-plays* ayuda bastante en estos casos.

10. En este pódcast se muestra un ejemplo real de uso de esta gamificación: https://www.eloquenze.com/stations/rtdi-school-gamificacion-educativa/posts/aplicando-lo-aprendido-primer-ejemplo-pod-4

11. Por ejemplo, nosotros hemos usado el discurso de Martin Luther King «I have a dream» en 1963 para descubrir y debatir en grupo el uso óptimo de los ritmos y las pausas, y del escenario e interacción con una audiencia, en comunicaciones de uno a muchos. De paso, conocen al personaje y ese retazo de historia.

Gamificaciones que...	Ejemplos y consideraciones
Tratan de crear una inmersión que maximice la generación de experiencia.	Un *scape room* donde los participantes deben superar pruebas relacionadas con los contenidos de trabajo.[12]
Esconden un proceso evolutivo, incremental o iterativo.	Los alumnos/as avanzan por un tablero aprendiendo conceptos e imperceptiblemente entienden el orden que vincula dichos conceptos (según se presentan en el tablero). Al final, este aprendizaje implícito se consolida haciéndoles consciente de las conclusiones. Se trata de una estrategia que permite avanzar más rápido a la hora de cubrir contenidos de distinta naturaleza (ej.: conceptos vs. procesos).
Se centran en llamar la atención y en favorecer la memoria.	*Quiz*, por ejemplo, en forma de un concurso televisivo.
Tratan de ajustar comportamientos.	Es lo que algunos investigadores llaman **gamificación persuasiva**, que consiste en la integración de teorías de la motivación (como la teoría de la autodeterminación) con las teorías de gamificación educativa para potenciar o desincentivar un determinado comportamiento. Puede ser reactiva (si cada acción depende de la acción previa de los participantes, que, de alguna manera, necesita ser detectada y medida – por ejemplo, el uso de puntos–, proactiva (si la acción no depende de un factor previo o externo, sino de información relacionada con el contenido y las emociones que se quieren generar –por ejemplo, plantear un reto–) o social (cuando las acciones dependen del comportamiento del grupo, sobre todo en juegos cooperativos –por ejemplo, el uso de historias y avatares o personajes–).

12. En este vídeo se presenta un ejemplo por parte de la Universidad de Toronto en el que alumnos y alumnas participaban en un *scape room* alrededor del campus donde zombis y humanos necesitaban usar diversos modos y canales de comunicación para sobrevivir (en inglés): https://guides.library.utoronto.ca/c.php?g=448614&p=3505475

Gamificaciones que...	Ejemplos y consideraciones
Se centran en cohesionar a un grupo alrededor de un aprendizaje común para reforzarlo o potenciarlo.	Es lo que algunos llaman **gamificación social**,[13] que consiste en la integración de componentes del juego y redes sociales (en las que, por ejemplo, se pueden resaltar unos contenidos sobre otros a través de un chat).
Buscan provocar la meta-rreflexión/interiorización	Por ejemplo, se puede plantear a los alumnos que creen ellos un juego temático.[14]

De nuevo, **una gamificación puede combinar varias de estas estrategias**; aunque es importante mantener el foco en que se quiere que aprendan los participantes, e incorporar solo elementos que ayuden a conseguirlo. El resto puede acabar siendo contraproducente.

También hay artículos científicos que diferencian **gamificación explícita** (cuando los participantes pueden ver de forma obvia que se están usando elementos del juego –por ejemplo, si ven un tablero–) e **implícita** (cuando los participantes pueden no ser conscientes de que se está usando un elemento del juego –por ejemplo, cuando se pedía a una alumna dar una clase a sus compañeros, ejemplo comentado anteriormente–). Hay experimentos pedagógicos que demuestran que la gamificación funciona mejor cuando el participante la puede ver (por eso se proponía aflorarla en el caso de la alumna dando una clase –por ejemplo, disfrazándose–).[15]

Por otra parte, se habla de **gamificación autónoma** (o semiautónoma), basada en el uso de datos y, quizá, inteligencia artificial para que la gamificación se ajuste automáticamente a ciertas circunstancias preconfiguradas para lograr los objetivos marcados (si, por ejemplo, el

13. Por ejemplo, DeMarcos, García-López y García-Cabot (2016), en su artículo «On the effectiveness of game-like and social approaches in learning: comparing educational gaming, gamification & social networking».

14. Kafai (2014) muestra algunos de los beneficios que la creación de juegos puede traer al aprendizaje.

15. Las estrategias de gamificación deben ajustarse a las emociones de los participantes, que se quiera que sean lúdicas (es decir, positivas). En este ejemplo habría que considerar el sentido del ridículo que el alumno o la alumna puede tener en el contexto de dicha clase, y darle a elegir la forma de explicitar la gamificación que prefiere, dejando las alternativas a su aplicación voluntaria.

alumno falla en una respuesta). Se trata de un campo emergente que requiere que la gamificación esté digitalizada y aplicar herramientas que previamente se aprendan a utilizar. En este caso, es necesario seguir investigando sobre cómo lograr que no rompa con los principios fundamentales de la gamificación que hemos presentado en la tabla 2.1, tan importantes para que la gamificación sea realmente didáctica. Estas tecnologías ofrecen un gran y atractivo potencial, pero también asoman riesgos respecto a que puedan llegar a convertirse en el objetivo o fin, en lugar de un apoyo; a que se usen sin profundidad y conocimiento, o a que acaben siendo una fuente de datos para corporaciones y otras organizaciones, en lugar de un verdadero beneficio para el aprendizaje y los estudiantes. Además, es muy importante entender bien cómo integrarlas con la acción directa del educador o educadora, que consideramos imprescindible en gamificación educativa.

2.5. Desmontando algunos mitos o medias verdades para la gamificación didáctica. ¿Es verdad? ¿No es cierto? ¿Solo a medias? ¿Cómo puede afectar a la naturaleza pedagógica de nuestras gamificaciones?

La gamificación educativa es todavía un campo de investigación pedagógica muy activo, además de los esfuerzos prácticos que distintos perfiles de educador/a realizan en su día a día, observando lo que les funciona o parece mejorable. A medida que se genera más conocimiento y experiencia, se descubre que algunas de las ideas iniciales hay que matizarlas o corregirlas. Es importante mantenerse abierto a esta evolución. La tabla 2.4 recoge algunos de estos «mitos», sobre todo aquellos que afectan al concepto mismo de gamificación o a cómo debería diseñarse e implementarse para ser de verdad didáctica.

Tabla 2.4. Ideas extendidas en torno a la gamificación educativa que se sabe ahora que no corresponden total o parcialmente con la realidad teórica y práctica

La gamificación consiste en dar recompensas en forma de puntos, medallas, insignias, premios, etc., para tratar de motivar a los estudiantes.

¡Esto hoy en día es ya un mito! **La gamificación educativa no necesariamente ni de forma única tiene que usar estos componentes del juego**: puede usar alternativa o complementariamente otros de los recogidos en la tabla 2.2. De hecho, en nuestra experiencia otros componentes aportan mayor valor didáctico y logran de igual manera atraer a los participantes. En caso de querer usarse, hay investigaciones que explican cuándo y cómo hacerlo para que tengan un impacto positivo sobre el aprendizaje; lo comentamos más adelante.

La gamificación se enfoca en activar la motivación extrínseca, y puede ser contraproducente en relación con la motivación intrínseca.[16]

No lo catalogamos como mito porque puede resultar ser cierto, pero de ninguna forma es una generalización inherente a la gamificación. Todo depende de cómo se diseñe. **Se ha aprendido con el tiempo que la gamificación no mejora o empeora el aprendizaje por sí misma, sino que es una cuestión de diseño**. Esto es muy importante, y por eso le dedicamos el capítulo 3.

Esta afirmación suele estar relacionada con el punto anterior, sobre el uso de recompensas, pero sería un error considerar que es inevitable.

La gamificación requiere usar videojuegos; es para aprender en línea.

Esta afirmación es incorrecta por tres razones. La primera, porque si se usan videojuegos es muy probable que no se trate de gamificación realmente, sino de aprendizaje basado en juegos. La segunda, porque la gamificación puede usarse tanto en entornos digitales como físicos, y si se desea, usando solo medios materiales; de hecho, muchos de los ejemplos que aportamos en este libro lo hacen. La tercera es importante en educación, porque en nuestra experiencia, creemos que la gamificación se vuelve realmente didáctica cuando el educador/a desempeña un papel fundamental en ella, lo cual es difícil de lograr en un aprendizaje en línea autónomo.

16. Aquella impulsada por el propio interés y disfrute de la tarea o actividad (no por el logro de un resultado concreto externo a nosotros mismos).

Usar una barra de progreso (o equivalente) es gamificar.

Hemos oído esto en algunas ocasiones... Puede que, teóricamente hablando, lo sea. Pero el impacto sobre el aprendizaje que se logra de esta forma es nulo, por lo que no diríamos, por lo menos, que es gamificación didáctica.

Gamificar es fácil. / Gamificar es difícil.

Hemos oído ambas afirmaciones, aunque más frecuentemente la segunda. Nosotros diríamos que gamificar didácticamente es una actividad compleja, que requiere conocimiento, experiencia y dedicación. ¿Queda por eso reservada a unos pocos? ¿Deberíamos entonces echarnos atrás si no lo hemos hecho antes? ¡No, por favor! Nuestra propuesta es la siguiente:

- **Aceptemos ayuda de quienes lo han hecho antes**. Ya hemos dicho que una de las características de la gamificación es que puede transferirse de unos contextos a otros, adaptarse con facilidad a usos diversos si se pueden entender bien los fundamentos del diseño de gamificaciones ya validadas. Por eso en este libro proponemos (y desgranamos) ejemplos de casos reales, y compartimos experiencias propias y de otros.
- Vivamos nuestra tarea educativa con pasión y disfrute. Explorar nuevas posibilidades es un reto y consume tiempo, pero los retos son ilusionantes siempre y cuando no nos desborden. **Podemos empezar poco a poco**, con gamificaciones sencillas o con que aprendamos o adoptemos de otros, e ir evolucionando poco a poco.
- **Mantengamos el foco en cuándo creemos que la gamificación puede aportar más valor y qué valor concreto queremos que aporte**. Para que la gamificación sea realmente didáctica ha de ser una metodología de enseñanza más, que debe usarse en combinación con el resto de las posibilidades. Aporta un valor importante en ciertas ocasiones, y en otras no, o no tanto. Además, uno de los aspectos de diseño que hay que tener en consideración es la dosis, si no queremos que acabe siendo inútil o contraproducente, como comentamos más adelante (capítulo 3).

Para gamificar necesitas una cierta forma de ser.

También hemos oído esta afirmación en algunas ocasiones. Por supuesto, gamificar es opcional, pero nosotros no creemos que la personalidad del educador/a deba ser un impedimento. Hay un gran abanico de posibilidades para elegir; además, la evolución personal como educadores nos dignifica a nosotros, a nuestra profesión y a nuestros alumnos o participantes en una formación. Es cuestión de aprender.

La gamificación educativa es solo actividad, no incluye contenidos.

Esto también sería un mito. Los contenidos pueden ser parte fundamental de una gamificación educativa, a diferencia de otros contextos en los que también se gamifica. No se trata de perder el tiempo en algo ajeno a la clase o sesión de formación, sino de potenciar el aprendizaje.

3. Procesos y recursos

Eva García Muntión

3.1. Proceso de trabajo para la gamificación educativa ¿Cómo lo hago para que de verdad sea didáctica (es decir, enfocada en mejorar el aprendizaje)?

El capítulo anterior ha insistido, entre otras cosas, en la importancia del diseño de la gamificación para alcanzar verdadero valor didáctico; que se cumplan ciertos principios y criterios, y se usen distintos tipos de herramientas de una forma adecuada. Lograrlo requiere seguir un **proceso**; es decir, un conjunto encadenado de actividades agrupadas que se desarrollan en un periodo de tiempo, y cuyas fases sucesivas permiten avanzar hacia un fin específico. Proceso implica acción de ir hacia delante.

También hemos dicho que una característica inherente de la gamificación es que se puede transferir de unos contextos a otros, reutilizarse en distintas situaciones. Para hacerlo es necesario cierto esfuerzo de adaptación. Y para lograrlo, se puede seguir el mismo proceso que si se fuera a diseñar una gamificación desde el principio, pero con ciertas modificaciones en algunos de los pasos.

La figura 3.1 muestra el proceso general de diseño y desarrollo de una gamificación educativa con carácter didáctico, mientras que la figura 3.2 muestra cómo queda ese proceso cuando se trata de adaptar una gamificación ya existente.

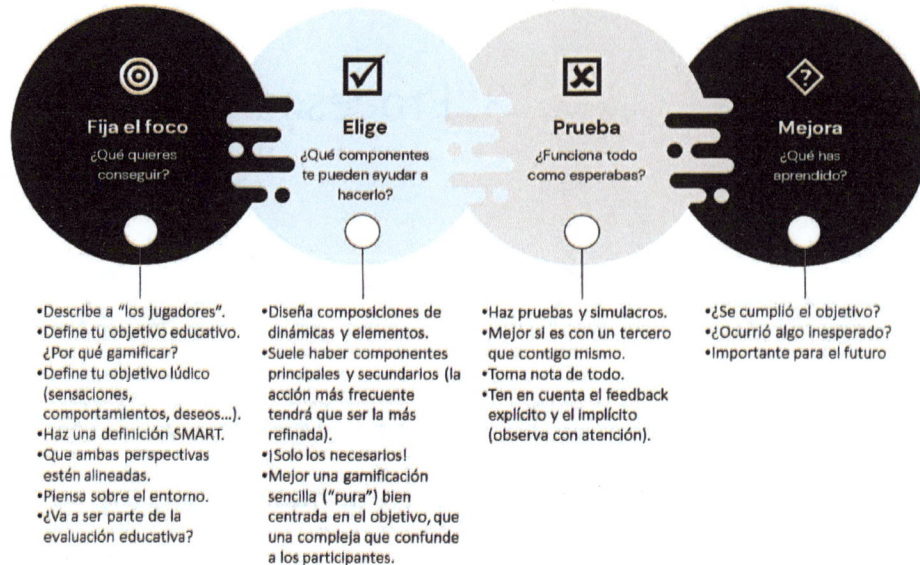

Figura 3.1. Proceso de diseño y desarrollo de una gamificación educativa.

En la tabla 3.1 se muestran unos comentarios importantes respecto a alguno de los pasos.

Tabla 3.1. Ponemos el foco en pasos importantes del proceso de gamificación

 Describe a «los jugadores».

Hemos dicho que en la gamificación el objetivo principal es aprender, no jugar. Sin embargo, hablamos aquí de «jugadores», en lugar de estudiantes o participantes, por los siguientes motivos:

1. Si la gamificación se va a realizar en el contexto de un curso o programa de formación más amplio, se supone que el educador ya conoce a sus alumnos. Se trata ahora de pensar en ellos de cara a la gamificación que se va a diseñar:

   b. ¿Qué les puede servir más a ellos? Por ejemplo, se trata de motivarles, de que puedan profundizar en algo lo más rápidamente posible, de que palpen y generen experiencia, de enfrentarse a algo difícil, etc.

   c. ¿Por qué pueden sentirse más atraídos? Por ejemplo, algo que algún día comentaran en clase sobre sus gustos; si son muy deportistas o no; alguna música en particular; si van a ir todos a un viaje en poco tiempo, o actividad profesional o lúdica, etc.

   d. ¿Hay algún posible requerimiento? Por ejemplo, de accesibilidad física o en línea, o de movilidad, o alguna cuestión importante de personalidad, o con relación a la edad, a su comportamiento habitual, etc.

Según nuestra experiencia, ayuda mucho escribir una lista de notas al respecto, que sea concreta, clara y breve. Solo lo más importante. Y tenerla delante durante el resto de pasos.

Si es en una sesión independiente y no se conoce a los participantes, necesitamos un mínimo de información: edad, perfil profesional, razón por la que se apuntan, etc.

Define tu objetivo educativo.

¿Qué queremos enseñar (qué conocimiento, práctica o experiencia, conclusiones, comportamientos...)?

A este respecto, ofrecemos dos recomendaciones o ayudas:

1. Definir lo que se llama objetivos SMART: específicos (*specific*), medibles, ambiciosos pero alcanzables, relevantes y vinculados al tiempo. Por ejemplo, si hay algo que se deba haber aprendido a la mitad o antes de hacer otra cosa, o para considerar la duración total de la sesión gamificada. **Sobre todo, que sean concretos y valiosos.** Por ejemplo, suele ser más valioso escribirlos en forma de mejora o aumento, que en forma absoluta: algo del tipo «acelerar el aprendizaje de...», «aumentar el interés por...», «profundizar en la comprensión de»... para que no solo sean capaces de comprenderlo, sino también de aplicarlo», etc.).

2. De expertos en pedagogía de la Universidad de Harvard hemos aprendido a diferenciar entre la definición de objetivos generales de comprensión (lo que llaman *goals*)[17] y objetivos específicos.
   Un ejemplo para entender cómo se diferencian en naturaleza los unos de los otros podría ser:

Objetivos generales	Objetivos concretos
- Entender las diferencias entre gestionar y liderar, y la importancia de cada uno de ellos para el éxito de cierto tipo de proyectos.	- Sentirse seguros en el uso de la jerga básica de la gestión de proyectos y cómo explicarla a otras personas.
- Aprender las estructuras y procesos fundamentales en el ciclo de vida de un proyecto, y cómo evolucionan las necesidades de un proyecto.	- Adquirir experiencia en el diseño de la estructura de desglose del trabajo y en la definición y gestión de entregables e hitos del proyecto.

Es importante añadir los objetivos (escribirlos) a la lista de notas del punto anterior para tenerlo todo delante mientras seguimos avanzando por los pasos. Serán nuestra brújula.

Por otra parte, es tenemos que preguntarnos por qué creemos que la gamificación puede ayudarnos a lograrlo mejor, y revisar nuestra respuesta al realizar el paso siguiente.

Finalmente, es recomendable compartir estos objetivos con los propios alumnos/·as o participantes en una sesión o programa de formación.

---

17. Lo de los *goals* es importante porque tiene que ver con la motivación, como comentaremos más adelante.

Define tu objetivo lúdico.

La eficacia de la gamificación educativa se fundamenta en la generación de emociones que el ser humano considera positivas en un contexto relacionado con el juego: curiosidad, alegría, activismo (frente a pasividad), independencia, aceptación, tranquilidad, contacto social, idealismo, superación de una dificultad,..., incluso miedo o misterio. ¿Qué es lo que más puede ayudar al aprendizaje que buscamos? En este momento puede **recorrerse la tabla de tipos de gamificaciones de la tabla 2.3 (en el capítulo anterior), y valorar si estamos en alguno de esos casos.**

Piensa sobre el entorno.

¿Va a ser físico, en línea o híbrido? Si va a ser físico, ¿el espacio es grande o pequeño; tiene espacios para colgar cosas o no; es el espacio habitual de enseñanza o vamos a hacerlo en un lugar diferente que pueda favorecer la gamificación, etc.?

Si va a ser en línea, ¿me manejo bien con las herramientas?, ¿y los participantes?, ¿tengo vídeo o no?, ¿los participantes van a poder hablar o solo escribir?, etc. Es importante controlar estas variables para no correr el riesgo de perder mucho tiempo con cuestiones técnicas que echen por tierra la gamificación... Si no tengo claro que controlo las herramientas (las sé usar bien y conozco los requerimientos, por lo que tengo la seguridad de que la mayoría de los participantes no deberían tener problemas) mejor ir a cosas lo más sencillas posible. Por ejemplo, una vez intenté usar una herramienta que permite compartir un muro digital de post-its para que trabajaran en grupo sobre un reto (la usamos a veces entre compañeros), y acabaron prefiriendo que uno de ellos escribiera en un papel y lo mostrara a través de la webcam.

Hay otro factor importante que de alguna manera está relacionado con el entorno: **el número de personas que van a participar en la gamificación.** Cuanta más interactividad, mayor es la complejidad de gestionar grupos a partir de 25 personas. Veremos ejemplos prácticos de sus implicaciones en el capítulo siguiente.

¿Va a ser parte de la evaluación educativa?

Si queremos que algo de lo que ocurra durante la gamificación contribuya de alguna manera a la evaluación educativa, mejor pensarlo desde el principio: ¿hay algo en particular que quiero observar? ¿Cuándo y cómo podría hacerlo? ¿Y cómo podría recogerlo (por ejemplo, igual puedo grabarlo, sobre todo si también quiero que luego lo puedan observar los propios participantes; nosotros lo hemos hecho en formaciones sobre cómo hablar en público, porque es muy instructivo verse a uno/a mismo/a desde fuera)? ¿O me interesa más usar el resultado? A la posible contribución de estrategias de gamificación de cara a la evaluación le dedicamos el capítulo 5.

Diseña composiciones de dinámicas y elementos.

Ha llegado el momento de definir qué es lo que realmente se hará; en qué va a consistir la gamificación. ¿Va a ser un *scape room* en el que los participantes pongan en valor su conocimiento?, ¿o será un trivial temático?, ¿o un concurso multi-clase?... ¿Va a ser corta, de una única sesión, o larga, distribuida a lo largo de los días?... ¿Va a ser dentro del aula o en un entorno novedoso?... ¿Quiénes van a participar y cuándo?... Algunos pasos que pueden ayudar a facilitar esta fase intensa de diseño son:

1. Elegir el tipo o categoría de gamificación que se quiere aplicar, de entre las opciones de la tabla 2.3.

2. Definir la dinámica principal de gamificación, de entre las opciones de la tabla 2.2.

3. Pensar si sería bueno que, en paralelo a la principal, hubiera alguna dinámica secundaria. Si es así, dibujar un poco el flujo, el esqueleto de guion de la gamificación.

4. Un poco en paralelo al paso 3, ir eligiendo los elementos del juego que más pueden apoyar la dinámica o dinámicas elegidas de entre las opciones de la tabla 2.2.

5. Chequear si lo que hemos diseñado de verdad apoya el cumplimiento de los objetivos que nos habíamos marcado en la fase 1, y refinar, modular, modificar hasta que nos sintamos plenamente satisfechos con los efectos que esperamos lograr.

6. Chequear también si hay elementos o dinámicas que realmente no aportan mucho más que complejidad a la gamificación. Es muy recomendable mante-nerla lo más sencilla y puramente centrada en los objetivos posible.

7. Chequear ahora el guion de la gamificación y pensar si los ciclos de actividad de los participantes fluyen de forma más o menos continua o hay largos pa-rones de actividad. Estos parones pueden destruir o mermar los efectos moti-vacionales y de aumento de la atención; cuidado con ellos (no queremos decir que tenga que ser frenético, ya hay suficiente velocidad en el mundo y no suele ser muy positivo para el aprendizaje; solo que no haya grandes parones).

8. Chequea finalmente que implique algo de diversión. No tiene que ser una fiesta, ni tampoco que el juego acabe ganando todo el protagonismo; pero sí conviene pensar si la gamificación prevista generará algunas risas. Nosotros, por ejemplo, cuando estamos inmersos en procesos de validación experimental de las gamificaciones que diseñamos, consideramos una variable relevante el número de veces que la gente se ríe, que vamos anotando por observación durante la sesión. En este punto, también puedes chequear si la gamificación les hará sentir fuertes, valiosos, confiables...; son variables que afectan mucho a la motivación, como se describe en el apartado 3.3 de este capítulo.

Recuerda que necesitas suficiente intensidad de gamificación que, a la vez, sea dosificada en el número de componentes que se usan, la frecuencia de gamifica-ción y el tiempo de duración.

Según se adquiere experiencia (o aprendiendo de analizar gamificación de otros), se observa que hay combinaciones elementos-dinámicas de juego que funcionan mejor, o que favorecen con más fuerza unos tipos de gamificación que otros. Recomendamos en este punto leer alguno de los ejemplos de gamificación que se presentan en el capítulo siguiente; aclarará mucho las ideas. Del estudio de estos ejemplos se extraen, por ejemplo, las siguientes combinaciones óptimas:

	Dinámicas de juego	Elementos de juego
Combinación 1: gamificación para explorar nuevos contenidos y fijar la memoria en aspectos clave	Pregunta/respuesta libre Carrera con obstáculos (ciertas dificultades relacionadas con el contenido) Sorpresa Movimiento	Tablero o equivalente (espacio en el que se desarrolla la carrera) Elementos de apoyo a la carrera (ej.: tablas de clasificación, vidas, tiempo u oportunidades limitadas)
Combinación 2: gamificación para potenciar el descubrimiento y la metarreflexión	Reto Debate Cooperación	Equipos Niveles (para generar profundización) Recompensa (con cuidado de cómo se diseña)
Combinación 3: gamificación para crear introducir en una situación (inmersión) y potenciar ciertas competencias sociales y de liderazgo	Roles Narrativa Debate Interactividad	Avatares Elementos de apoyo al avatar y su rol (ej.: equipamientos)
Combinación 4: gamificación para potenciar competencias y la cohesión de un grupo	Reto Búsqueda Cooperación Libertad	Equipo Tablero Tiempo limitado o vidas
Combinación 5: proceso incremental / aprender y aplicar contenidos nuevos	Reto *Quiz* Debate Cooperación y debate Un ligero nivel de competición	Tablero Equipos Otros posibles (tiempo limitado o vidas, recompensas o penalizaciones)

Existen muchos recursos en Internet que nos pueden ayudar en este paso del proceso (lo que se llaman recursos educativos abiertos, que se ven con más detalle en el capítulo 5); por ejemplo, tableros digitales de todo tipo, herramientas de creación de avatares, videos, imágenes para narrativas...

Importante para el futuro.

Recomendamos anotar todo lo que se piense que pueda ser útil de cara a repetir la gamificación en el futuro sea para lo mismo u otra cosa (si, por ejemplo, quiero alargar o acortar algo, o eliminar o añadir, tener nuevas alternativas de personalización en tiempo real, etc.). También si se ha extraído alguna conclusión general, que se pueda aplicar a cualquier gamificación (así, muchas de las recomendaciones de esta tabla salen de notas escritas tras sesiones de gamificación que hemos hecho a lo largo del tiempo). Recomendamos escribir estas notas, y hacerlo lo más rápido posible desde que acaba la gamificación («en caliente»), incluso mientras está ocurriendo.

La figura 3.2 muestra un ejemplo de proceso de diseño de una gamificación. En esta ocasión lo estábamos haciendo de forma colaborativa con las personas que iban a realizarla (era un caso en que no la íbamos a hacer nosotros, sino que ayudábamos a otros), por lo que decidimos usar *post-its* que nos permitieran cambiar, quitar, añadir o colocar entre todos.[18] Y como nos llevó varias sesiones de trabajo, decidimos usar una herramienta digital para poder guardar el panel de *post-its* de una sesión a otra.

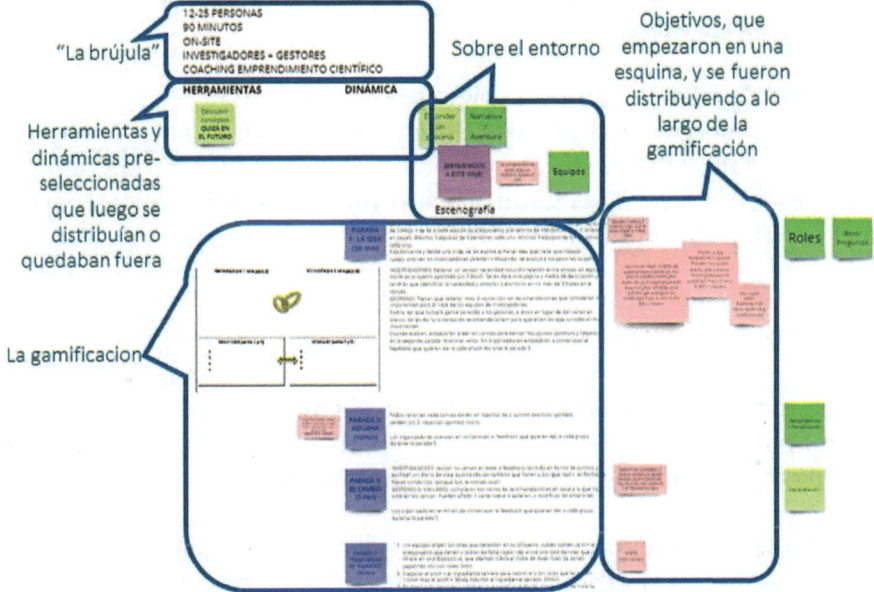

Figura 3.2. Ejemplo de proceso de diseño de una gamificación educativa.

18. Por cierto, diseñar una gamificación de forma colaborativa suele hacer que resulte mucho mejor, sobre todo si en el equipo hay alguien que tiene experiencia previa. Incluso hay quien involucra a algunos de los futuros participantes (véase Ferreira, Roseira y Patrício, 2020).

La figura 3.3 muestra el proceso cuando se trata de adaptar una gamificación ya existente.

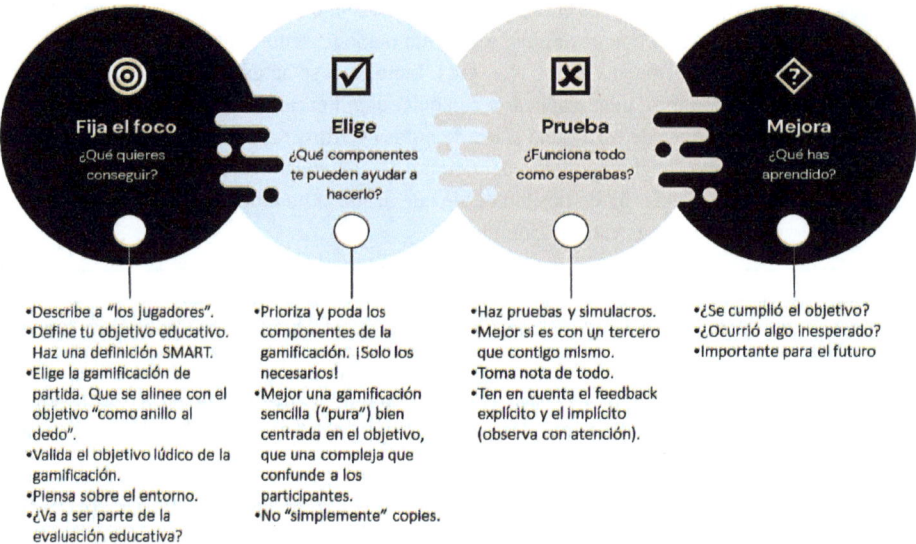

Fija el foco
¿Qué quieres conseguir?

Elige
¿Qué componentes te pueden ayudar a hacerlo?

Prueba
¿Funciona todo como esperabas?

Mejora
¿Qué has aprendido?

- Describe a "los jugadores".
- Define tu objetivo educativo. Haz una definición SMART.
- Elige la gamificación de partida. Que se alinee con el objetivo "como anillo al dedo".
- Valida el objetivo lúdico de la gamificación.
- Piensa sobre el entorno.
- ¿Va a ser parte de la evaluación educativa?

- Prioriza y poda los componentes de la gamificación. ¡Solo los necesarios!
- Mejor una gamificación sencilla ("pura") bien centrada en el objetivo, que una compleja que confunde a los participantes.
- No "simplemente" copies.

- Haz pruebas y simulacros.
- Mejor si es con un tercero que contigo mismo.
- Toma nota de todo.
- Ten en cuenta el feedback explícito y el implícito (observa con atención).

- ¿Se cumplió el objetivo?
- ¿Ocurrió algo inesperado?
- Importante para el futuro

Figura 3.3. Proceso de adaptación de una gamificación educativa para su transferencia de un contexto a otro.

Tanto la figura 3.1 como la figura 3.3 representan los procesos que seguir para integrar una gamificación en el proceso directo de enseñanza-aprendizaje, que no sea algo superficial o secundario, que podamos desarrollar esa idea de la gamificación integrada que mencionábamos en el capítulo anterior.

3.2. La presencia del educador o de la educadora

Hemos dicho en el capítulo anterior que el papel del educador es fundamental para que una gamificación sea realmente didáctica, volcada en optimizar un proceso de enseñanza-aprendizaje:

- **En la fase previa** a la clase o programa de formación, el educador elige qué gamificaciones usar, para qué y por qué, dónde, cuándo y cuánto; y es quien diseña o adapta dichas gamificaciones. Sin esto la gamificación no estará centrada en un objetivo educativo concreto y pensado para los estudiantes o participantes, por lo que el poder de mejora disminuirá (o desaparecerá por completo).

Incluso en los sistemas en línea debería revisarse la configuración para cada caso. E incluso en sistemas de gamificación autónoma se necesitan personas detrás tomando las decisiones fundamentalmente didácticas, manteniendo una colaboración humano-máquina importante.

- **Durante el desarrollo de la gamificación**, el educador n realiza las adaptaciones a la marcha de los participantes, ya sea de forma directa o a través de un panel de configuración de un sistema digital. O las revisa cuando es un sistema autónomo quien las hace. Necesita capacidad de observación, de nuevo de forma directa o a través de datos. Además, cumple un aspecto fundamental de la gamificación educativa, que es dar *feedback*.[19] De nuevo, puede ser en tiempo real (sincrónico) o en momentos concretos a lo largo de un aprendizaje en línea, y puede darlo de forma directa o revisar el *feedback* que da un sistema. Cuanto más inmediato y «humano» sea, mejor funciona la gamificación (entendiendo por humano que use un lenguaje natural y adaptado a cada persona, y que se den explicaciones breves pero completas, no solo una corrección). Además, el *feedback* puede ser para corregir o para resaltar logros especialmente positivos, aunque eso lo veremos en el apartado dedicado a aspectos motivacionales de la gamificación educativa.
- Asimismo, el educador, *a posteriori*, aprende de lo ocurrido y propone mejoras, incluso cuando usa datos aportados por tecnologías. También mantiene una gamificación viva, reutilizándola en diversos sitios y ocasiones y compartiéndola con otros.

Y, claro, tener un papel fundamental implica un sentimiento de responsabilidad. De cara al desarrollo de una gamificación, puede surgirnos la duda de qué pasa si cometemos errores… Diría que vamos a cometerlos casi seguro, pero es difícil que sean garrafales si la fase previa se ha efectuado con cuidado. Además, el entorno gamificado nos da también más flexibilidad a nosotros, no solo a nuestros alumnos/as. Hay que respirar, tragar saliva, incluso reírse un poco si uno puede, y seguir. En el futuro saldrá mejor. Por si resulta útil, la tabla 3.2 incluye una lista de lecciones aprendidas durante años de práctica y experimentación, que no han quedado recogidas hasta ahora al tratarse de aspectos de detalle.

---

19. Ya lo hemos comentado en el capítulo anterior.

Tabla 3.2. Algunos consejos prácticos de cara al desarrollo de gamificaciones educativas

Explicar a los participantes en qué va a consistir la sesión, y planificar un poco de tiempo para permitirles que entiendan los medios que van a usar (si es que hay algo que no conozcan ya).

Recordar mantener a los participantes activos. A veces los debates se pueden alargar demasiado, o nuestras explicaciones a proyectos sobre los que se esté trabajando, etc. Es importante que no se haga frenético y poder profundizar, pero dejemos que la gamificación fluya y los participantes participen lo más posible. Siempre puedes reforzar las explicaciones después (por ejemplo, grabándote. De hecho, es algo que ahora nos gusta hacer, porque puedes monitorizar cuánta gente ve esos contenidos adicionales e inferir mayor o nivel de interés generado en el tema por la gamificación). La actividad ayuda a mantener la atención, y si no la gamificación estará perdiendo efecto.

Estar listos para adaptarse sobre la marcha. Van a pasar imprevistos, y cada grupo es distinto y, por tanto, en cada gamificación ocurren cosas diferentes (se desarrollan de muchas formas). Necesitamos estar atentos al grupo y adaptar la gamificación en tiempo real (cómo reaccionan ante las cosas; si tienen alguna dificultad; dónde puede beneficiarles más volcar el tiempo; una vez superado el nivel mínimo deseado, hasta dónde podemos llevarles; etc.). Esto puede generar en nosotros nervios o incertidumbre, aunque también puede disfrutarse: al fin y al cabo, estás relacionándote de una forma especial con tus alumnos/as... Y hay algunas cosas que podemos llevar preparadas por si las necesitamos (vamos a ver ejemplos en el capítulo siguiente) Recuerda que si disfrutamos nosotros, es mucho más fácil que disfruten ellos; y si lo hacen ellos, más tranquilos y contentos estaremos nosotros.

Consolidar las conclusiones lo antes posible. La gamificación va a permitir a los participantes descubrir por sí mismos/as, experimentar y compartir ideas; es importante que el educador/a explique de forma breve pero explícita los conocimientos o conclusiones que quiera que queden claros (por ejemplo, presentando una diapositiva). Y es importante hacerlo cuando todavía todo está fresco en las cabezas de todos/as.

Mantener el foco en el objetivo de aprendizaje. Que nada de lo que pase durante la sesión nos haga olvidar eso. A veces, sobre todo al principio, ayuda tenerlo escrito en alguna parte, que mejor si es visible para todos (por ejemplo, un cartel que se cuelga en la pared, o una frase que se escribe en la pizarra, o el título que se da a una sesión en línea).

3.3. Gestión de la motivación en gamificación didáctica

Entendemos **motivación** como la voluntad y esfuerzo para lograr una meta. Inicialmente se consideraba como una unidad, mientras que hoy en día se tienen en cuenta que la motivación cambia en relación con el nivel (cuánta motivación) y su orientación (el origen de la motivación; las causas de la acción).

De aquí surge la diferenciación entre: **motivación intrínseca**, impulsada por el propio interés de la persona y su disfrute de la tarea o actividad (dentro del individuo y su relación con la actividad y, por tanto, autorregulada), y **motivación extrínseca,** impulsada por el logro de un resultado concreto que no proviene de la propia persona (se dice, por esta razón, que depende de una regulación externa).

Aunque en ocasiones se ha expresado la preocupación en torno al uso de elementos de motivación extrínseca en gamificación educativa (por ejemplo, las recompensas, medallas, etc.), pensando que pueden llegar a generar dependencias y disminuir la automotivación, con el tiempo se ha aprendido a gestionar la motivación extrínseca en refuerzo de la intrínseca, gracias a profundizar en las teorías sobre motivación y asistencia al aprendizaje. Nos hemos basado en estos resultados de investigación y práctica pedagógica para escribir este capítulo, intentando que los contenidos sean lo más prácticos y operativos posible.

De las teorías sobre motivación, seguramente la que más ha ayudado en el desarrollo de pautas para la gamificación didáctica es la de Ryan y Deci (2000), sobre la cual se definen unas subteorías para catalizar la motivación por aprender. Si entendemos la motivación intrínseca como la voluntad de los estudiantes de esforzarse en el inicio de una tarea y persistir en este esfuerzo, algunas de estas subteorías y pautas ayudan a reforzar el arranque inicial (la captación de atención y generación de deseo), mientras que otras resultan óptimas para promover la perseverancia, de forma que el aprendizaje sea completo y profundo. Se describen en la tabla 3.3.

Tabla 3.3. Estableciendo cadenas de mecanismos de motivación

Motivación por arrancar la tarea	Motivación por persistir en la tarea, continuar el esfuerzo
Cuando el estudiante se siente naturalmente atraído por la tarea, los mecanismos de motivación principales son: • La **sensación de competencia**: la valoración que pueda hacer el alumno/a de su capacidad de resolver la tarea con éxito mientras interaccionan con ella. Así, es importante definir retos óptimos; es decir, suficientemente ambiciosos para captar su atención y despertar su deseo de logro, pero que no se perciba como excesivamente difícil o complejo (por ejemplo, reduciendo los grados de libertad o realizando demostraciones). • La **sensación de autonomía**: que perciban, en primer lugar, **libertad de elección** (hacer la tarea o no; hacerla con más o menos profundidad), que vendrá determinada por los beneficios que piensen que les generará el hacerlo y su relación con sus intereses personales. En segundo lugar, **libertad de acción**; que tengan cierta libertad de elegir el curso o desarrollo de la tarea. Necesitamos ambas juntas para que ocurra la motivación intrínseca. Cuando no existe esta motivación inicial, hay que trabajar por establecer el valor de la tarea y buscar que los alumnos/as lo interioricen, lo hagan suyo y, a partir de ahí, se autorregulen. Es lo que se conoce como **teoría de la integración orgánica**, que establece un continuo de pasos a través de distintos tipos de motivación extrínseca hasta llegar a la motivación intrínseca a través de un proceso de interiorización e integración de valores:	Se trata de mantener activos en el tiempo los mecanismos de motivación iniciales, para lo cual es imprescindible: • El *feedback* **constructivo**: diferenciando entre lo que se conoce como *feedback* **granular** (puntual y breve; por ejemplo, perder o ganar una vida), continuo (regular y detallado; por ejemplo, debatir en grupo cada resultado a una serie de actividades) o **acumulativo** (cuando se da tras acumular una serie de respuestas, pudiendo ser breve; por ejemplo, cambiar de nivel –o más extenso– o, por ejemplo, una tutoría al final de una fase de la gamificación). Se trata de prolongar la sensación de competencia a lo largo del aprendizaje y ayudar a controlar la frustración. Ya hemos hablado de la inherencia del *feedback* a la gamificación, con lo que se hace patente su potencial en este sentido. Mientras diseñemos o adaptemos gamificaciones, pensemos con cuidado cómo aprovechar este potencial al máximo. • La **socialización**: generar sentimientos de pertenencia, de influencia en el grupo y el entorno. • La **sensación de flujo**: mantener en el tiempo el nivel de reto óptimo, según la persona avanza en el aprendizaje y desarrollo de competencias.

Motivación por arrancar la tarea

- Paso 1. Desmotivación
- Paso 2. Complacencia pasiva con la tarea gracias a una regulación externa impuesta.
- Paso 3. Regulación asistida hacia el desarrollo de la tarea a través de incentivos subjetivos (por ejemplo, el reconocimiento) o riesgos emocionales (por ejemplo, perder una vida). En lugar de obligación hay deseo personal por lograr o evitar la consecuencia.
- Paso 4. Regulación por identificación, cuando la persona entiende y se convence del valor de la tarea.
- Paso 5. Regulación integrada con el resto de las motivaciones, los intereses o los valores de la persona. Sigue siendo regulación externa (motivación extrínseca), porque la tarea se realiza por su presunto valor instrumental hacia algún resultado, aunque sea voluntario y valorado por la persona (por ejemplo, lograr una titulación).
- Paso 6. Compromiso personal (autorregulado) o motivación intrínseca.

Este progreso va a estar vinculado a lo que la persona considera sus referencias. Por esta razón, los factores contextuales (tan importantes en gamificación) actúan como importantes catalizadores de la interiorización. Se trata de pensar qué salto queremos provocar en cada momento (de qué paso a qué paso) y diseñar y orquestar los componentes del juego de forma acorde.

Motivación por persistir en la tarea, continuar el esfuerzo

Para que estos mecanismos sean lo más efectivos posible, es importante lograr cierto grado de personalización, tanto en la recepción de *feedback* (por ejemplo, tratar de que haya cierto *feedback* individual, no solo grupal), como en relación con la forma de socializar (por ejemplo, en grupos grandes o pequeños), como la adaptación en tiempo real de los retos (por ejemplo, en función del avance en los logros, o si se percibe más o menos cansancio en los participantes).

Tanto la motivación intrínseca como la extrínseca son, por tanto, esenciales en educación, dado que el alumno/a o participante en una formación no va a estar intrínsecamente motivado todo el rato y para todo lo que tiene que hacer. Los componentes de juego articulados en una gamificación diseñada con cuidado pueden ayudar a los educadores a ofrecer a sus alumnos/as apoyo inicial y para mantener y mejorar su motivación y aprendizaje.[20]

Tabla 3.4. Uso de los componentes del juego como factores de motivación

Motivación por arrancar la tarea	Motivación por persistir en la tarea, continuar el esfuerzo
Reto	Flujo de reto/s
Libertad/elección entre opciones	Debate
Equipos	Elemento sorpresa/eventos especiales
Avatares y roles	Recompensas educativas[4]
Narrativa	Puntos y similares
Uso del espacio/movilidad	Vidas/salvavidas
	Niveles
	Búsqueda/coleccionismo
	Medallas e insignias
	Tablas de clasificación

20. En el capítulo siguiente se muestran algunos ejemplos de diseño didáctico de recompensas para potenciar su valor educativo y que estén encaminadas a aumentar la motivación intrínseca. Además, Orbegoso (2016), en su artículo «La motivación intrínseca según Ryan & Deci y algunas recomendaciones para maestros», da algunas pautas interesantes sobre cómo conservar la calidad de una motivación (por ejemplo, para promover la motivación intrínseca, no la extrínseca, la recompensa ha de ser inesperada. Asimismo, las recompensas tangibles influyen negativamente sobre la motivación intrínseca, mientras que las recompensas verbales o intangibles, como el reconocimiento, no la dañan).

4. Compartiendo ejemplos de gamificaciones educativas

Eva García Muntión

En este capítulo se describen cinco gamificaciones reales que ejemplifa todo lo dicho hasta ahora, a la vez que aportan ideas y detalles prácticos que otros/as pueden aprovechar si quieren. Más que para leerse de cabo a rabo, están pensadas para leer alguna la primera vez que se recorre este libro (la que más pueda interesar por el título) y, según se van haciendo más gamificaciones, explorar posibilidades y usarlo como contenido de consulta.

4.1. Carreras de preguntas

Tabla 4.1. Instrucciones: atrévete a dar una respuesta a la pregunta que sepas explicar, y veremos hasta dónde llegas[21]

Tipo de gamificación:	Número de participantes:	Modalidad:	Duración
aprendizaje y exploración por prueba y error	5-25	presencial o en línea	0,5-2 h (en función de la naturaleza de las preguntas)

Usos y futuro: esta gamificación la hemos usado bastantes veces, para distintos objetivos y con participantes de muy diferentes edades e intereses. Por ejemplo, la hemos usado con jóvenes investigadores de distintas disciplinas en su aprendizaje de conceptos, estrategias y métodos de emprendimiento, como puede ser fijar el precio de una tecnología disruptiva. Y también lo hemos usado con estudiantes entre 12 y 16 años para enseñarles a hacer búsquedas en internet de manera más efectiva y analizando la calidad del resultado que obtienen (si les sirven o no). Seguiremos explorando sus posibilidades, porque funciona muy bien.

21. En este pódcast se muestra un ejemplo real de uso de esta gamificación: https://www.eloquenze.com/stations/rtdi-school-gamificacion-educativa/posts/aplicando-lo-aprendido-primer-ejemplo-pod-4

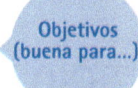

Objetivos (buena para...)

- Abrir la puerta a modificar ideas y prácticas preconcebidas que son erróneas o claramente mejorables.

- Recorrer de uno a cuatro principios y fundamentos de una actividad que los participantes vayan a realizar solos y recorrer de manera ordenada los dos o tres pasos necesarios para llevarla a cabo.

Dinámicas y elementos del juego

Se trata de una carrera. El/la educador/a lanza una pregunta (por ejemplo: ¿qué precio le pondrías a tu nueva tecnología y por qué?, o ¿qué cadena de palabras clave usarías para tu búsqueda?). En la modalidad presencial, lo hacemos como una especie de futbol americano, y los participantes en fila van cogiendo el balón, dicen su respuesta y la explican brevemente a los demás, y se lanzan a correr. Según la respuesta y su explicación sea más o menos correcta, se le dejará avanzar más o menos hacia el *touchdown* (o, por ejemplo, recibirá una pitada y tarjeta amarilla; se trata de elementos lúdicos de _feedback_). Normalmente, la primera vez es bastante desastroso al partir de ideas preconcebidas o prácticas erróneas. Sorprendidos por el resultado, se les explica cómo hacerlo bien/mejor y por qué, se les da tiempo para pensarlo o trabajarlo y se repite el ejercicio. La sorpresa aumenta su nivel de atención, y el deseo de mejorar el resultado de la carrera o juego les abre a cambiar su forma de elaborar la respuesta. Al final, notan la diferencia de resultado entre la primera y segunda rondas. Nos gusta de esta forma de hacerlo que se desarrolla en movimiento, y normalmente en espacios un poco especiales (un aula vacía, el patio...).

En otras ocasiones, lo que usamos es un pequeño videojuego desarrollado por nosotros mismos (o si lo estamos haciendo conectados online, en lugar de presencial). El videojuego plantea una carrera de caballos. La persona educadora lanza verbalmente la pregunta, y los participantes escriben su repuesta a través del juego. El educador recibe las respuestas en su panel de control, y las va clasificando como incorrectas o correctas y, de estas, establece un _ranking_. Lanza la carrera: los que hayan contestado incorrectamente no llegarán a la meta, el resto lo hará conforme al ranking. Luego se comentan los resultados, se dan las explicaciones necesarias, y se repite la carrera.

Para esta gamificación llevamos preparadas entre una y cuatro preguntas sobre las que queremos iterar. Con una sola pregunta llega, dado que se va a iterar por lo menos dos veces sobre ella, y más de cuatro preguntas y sus correspondientes iteraciones harían que resultase tedioso.

Resumen de la composición elementos–dinámicas de juego	
Elementos del juego utilizados	Dinámicas utilizadas
• Tablero (en forma del espacio de carrera)	• *Quiz* (en forma de pregunta abierta)
• Tabla de clasificaciones (cuando se usa el videojuego) (elemento de *feedback*)	• Libertad (de respuesta)
	• Competición (especialmente contra uno mismo)
• Vidas (en forma de llegar a la meta o no) (elemento de *feedback*)	• Elemento sorpresa
	• Movilidad
• Número limitado de intentos (en forma de repetición de la carrera)	

Adaptaciones en tiempo real

A veces hay que decidir eliminar una pregunta, o más frecuentemente, eliminar la iteración sobre una pregunta. Una vez los participantes entienden que tienen segundas oportunidades, y que el efecto sorpresa se ha diluido, es muy fácil que ganar la carrera empiece a adquirir demasiado protagonismo, desviándonos del objetivo educativo. Por otra parte, puedo tener alguna pregunta adicional por si llegara a ser necesario (ej.: que, dependiendo de las características sociales del grupo y si avanzo suficientemente rápido, proponga una carrera especial para los que quieran, y quien no quiera, se queda animando).

Cuando se hace con más de diez o quince personas, y dependiendo de la naturaleza de la pregunta o de rasgos personales de los participantes, puede ser tedioso incluir las explicaciones a sus respuestas, bien porque tarden mucho en decirlas, o nosotros en leerlas (además de que necesitamos que se pueda retener y procesar lo que unos y otros estamos diciendo). Si vemos que esto nos ocurre, en sucesivas iteraciones o preguntas podemos obligarles a no usar más de cinco palabras, o existe la posibilidad de agruparlos en parejas o tríos.

4.2. Observar para descubrir

Tabla 4.2. Instrucciones: durante la tarde busca tres leyes de la física que expliquen lo que está ocurriendo en ese momento a tu alrededor, y escribe la pareja hecho-ley para el debate del lunes.

Tipo de gamificación:	Número de participantes:	Modalidad: presencial o en línea	Duración 1-2 h
aprendizaje por descubrimiento. Provocar la metarreflexión.	5-30		(más el tiempo de trabajo en casa)

Usos y futuro: esta gamificación no la hemos usado todavía, sino que surgió a partir de un vídeo que habían visto algunos de nuestros hijos e hijas en clase. El video mostraba escenas de la vida cotidiana de una persona en las que aparecían carteles con el nombre de la ley de la física que explicaba lo que pasaba (ej.: los cereales flotan en la leche). Pensamos que es una buena manera de gamificar esta idea y convertirla en participativa, en lugar de transmisiva. Pueden ser leyes de la física o de cualquier otra ciencia natural o social, hechos históricos que expliquen o influyan en una noticia de los periódicos del día, etc.

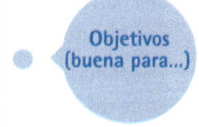

Objetivos (buena para...)

- Aplicar de forma reflexiva conceptos teóricos aprendidos, que logran enmarcarse y mostrar su importancia en entornos de la vida real, adquiriendo mayor sentido para los participantes.

- Potenciar la capacidad de observación y la curiosidad.

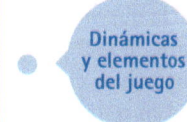

Dinámicas y elementos del juego

- Dinámicas:

  - Reto: busca, encuentra y piensa. Que se encienda la bombilla. Y puedes elegir las ideas que más te gusten si se te han ocurrido más de las requeridas.

  - Debate sobre si las parejas son correctas o no (*feedback*, tanto por el profesor/a como por los colegas).

  - Reto especial y cooperación: si, por ejemplo, son 10 alumnos en clase y entre todos han conseguido 30 parejas, se les plantea que si consiguen todos juntos llegar a 50 para el próximo día de clase, podrán poner ellos una de las preguntas del próximo examen (que tendrán que consensuar, y que deberá cumplir una serie de requisitos mínimos fijados por nosotros).[22]

---

22. Por ejemplo: que esté relacionada con los temas que cubre el examen o test, que sea correcta en relación a los contenidos (que no plantee falsedades o incorrecciones), que sea respetuosa. Además, se pueden marcar pautas sobre el tipo de respuesta (ej.: tiene que poder responderse en solo un párrafo, tienen que darse cuatro posibles respuestas a elegir la correcta, etc.).

- Elementos del juego-la recompensa: que preparen la pregunta del examen se trata de una recompensa educativa, porque: 1) viene a posteriori (cuando ya han encontrado 30) y de forma imprevista; 2) garantiza que todos cumplen un nivel mínimo de actividad, e incentiva a los que quieren ir más allá; 3) no es una recompensa material o un premio como tal, pero sí algo importante para ellos; 4) motiva hacia el próximo examen; 5) al tener que cumplir unos requisitos, estarán aprendiendo durante la elaboración de la pregunta; 6) hay potencial educador en el proceso de búsqueda de consenso entre ellos.

Resumen de la composición elementos-dinámicas de juego

Elementos del juego utilizados	Dinámicas utilizadas
• Niveles (primero 30 y luego 50) • Equipos (en la segunda iteración: intentad lograr 50 entre todos) • Recompensa (decir una pregunta del examen)	• Reto/búsqueda (dinámica principal) • Libertad (elige las ideas que quieras) • Debate (dinámica de feedback) • Evento especial (en forma de reto) • Cooperación (lograrlo entre todos)

Adaptaciones en tiempo real

Dependiendo de la situación, se puede decidir eliminar el reto-recompensa. O se puede alargar el tiempo que se da para encontrar las parejas, o el número de parejas que se necesitan encontrar. O se puede cambiar la recompensa, siempre que mantenga su carácter educativo. Y, claro, si son muchos, habrá que adaptar la forma del debate.

¿Y qué pasa si alguno/a no encuentra ninguna o casi ninguna pareja? Es importante darles algún ejemplo al plantear el reto (solo uno o dos, para no quitarles a ellos posibilidades). Luego por supuesto, dependerá de la razón por la que ocurre y a cuánta gente le pasa. Si es porque le ha resultado muy difícil y le ocurre a un grupo, podemos buscar juntos un ejemplo en la clase y darles un poco más de tiempo para tratar de hacerlo solos, retrasando el debate. Si solo le pasa a uno o dos, podemos darles alguna pista, y que se reenganchen en el reto especial aportando ideas nuevas. En última instancia, participar del debate ya será enriquecedor para ellos/as. Nunca penalizaríamos si de verdad se ha intentado llevar a cabo.

4.3. *Role-play*: poli bueno, poli malo

Tabla 4.3. Instrucciones: seguimos explorando experiencias en las que la comunicación es importante; hoy nos toca dar *feedback* a miembros de nuestro equipo

Tipo de gamificación:	**Número de participantes:**	**Modalidad:**	**Duración**
trata de crear una inmersión que maximice la generación de experiencia	6-15	presencial o en línea	1-3 h

Usos y futuro: es una gamificación que hemos usado bastantes veces y, en general, funciona muy bien. Incluso cuando a los participantes les cuesta meterse en el papel (que a veces pasa). En esos casos, el poder de la historia real impacta y fija memoria sobre los conceptos y dinámicas que se tratan de trasladar (de alguna manera, escuchan y beben con más fuerza de la experiencia de otros).

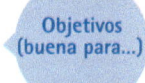

Objetivos (buena para...)

- Desarrollar competencias de comunicación oral, liderazgo y trabajo en equipo.
- Desarrollar competencias sociales (por ejemplo, la empatía).
- Explorar distintas formas de pensamiento.
- Aprender metidos de resolución de conflictos.

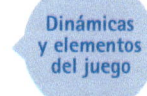

Dinámicas y elementos del juego

Se presenta una <u>situación de proyecto real</u>. Primero se describe el proyecto de forma general, y luego se introduce la situación: el jefe de proyecto ha delegado la coordinación en otra persona, que está expresando en público la poca valía que da al proyecto y sus integrantes, lo cual está haciendo que algunos abandonen. Somos el jefe de proyecto y necesitamos hablar con la persona en la que hemos delegado para que corrija su actitud. Toda la información de partida está escrita en forma de ficha.

Se divide a los/las participantes en tres <u>roles</u> (según se hayan colocado en el aula): los jefes de proyecto, las personas delegadas, otros miembros del proyecto. Cada uno de ellos se prepara en 5 minutos «para la acción». Mientras tanto, se meten los nombres de cada uno en tres bolsas, cada una representando un rol. Se van haciendo <u>tríos al azar</u> jefe-delegado-miembro sacando nombres de las bolsas. Cada trío «sube a escena» y <u>simula la situación</u>. Tienen <u>8 minutos</u> para resolver la situación. El educador/a graba en video cada escena (opcional).

Todos los tríos actúan uno detrás del otro. Al final, se <u>debate</u> entre todos y el educador/a da su *feedback* y, al final de todo, hace una recopilación de directrices y conclusiones sobre cómo dar *feedback* correctivo. Como colofón, muestra el guión de lo que podría haber sido.

A continuación, se repite la dinámica pero 1) se <u>cambian</u> los roles (se les puede dejar elegir o rotar un puesto); 2) se plantea una situación para dar *feedback* positivo (se ha logrado la colaboración con el proyecto de ciertos expertos que ahora se consideran importantes, aunque no se sabía al inicio del proyecto).

Finalmente, a los pocos días se entrega a cada participante *feedback* de detalle tras analizar los videos de las escenas en las que participaron (opcional), y si se considera adecuado (por ejemplo, en función de la edad), se entrega una copia de dichos videos para que puedan <u>observarse a sí mismos</u> y profundizar en el aprendizaje.

Resumen de la composición elementos-dinámicas de juego

Elementos del juego utilizados	Dinámicas utilizadas
• Avatares/equipamiento (a veces hemos usado gorras de colores para cada rol, para motivar a que se metan lo máximo posible en el papel).[23] • Cuenta atrás (tiempo limitado).	• Roles (dinámica principal) • Narrativa, historia (dinámica secundaria) • Azar (en la creación de los tríos) • Debate (elemento de *feedback*) • Interactividad (con su propio vídeo-elemento de *feedback*)

Adaptaciones en tiempo real

La sesión puede limitarse a una sola iteración, en función de la temática que trate de cubrir y el tiempo del que se disponga. Se podría, además, limitarlo a dos personas por equipo, aunque se vuelve muy personal y se pierde riqueza de situaciones y comportamientos (roles).

Sí creemos que es importante no reducir el tiempo de actuación en el rol (esos 8 minutos), dado que es la dinámica principal (necesita tener suficiente intensidad). Y recomendamos que se representen situaciones reales, para poder contar lo que pasó de verdad, y juntos analizar si el grupo lo ha hecho mejor o peor de lo que fue (que muchas veces lo hacen mucho mejor), y conocer las implicaciones que eso tuvo.

---

23. Esto además nos permite enriquecer la dinámica con la teoría de «Seis sombreros para pensar» de Edward de Bono (solo cuando la sesión la hacemos con adultos con los que ya hemos usado la dinámica de roles en sesiones anteriores, para no incluir demasiada complejidad). Consiste en que cada color representa, además de un rol, una forma de pensamiento (por ejemplo, el blanco de neutralidad y racionalidad, el rojo de emocionalidad y subjetividad, el negro del pensamiento crítico, el amarillo del pensamiento optimista…).

4.4. Microgamificaciones entrelazadas

Tabla 4.4. Instrucciones: analiza la cuestión, rómpela en sus partes, introduce componentes nuevos y juega con las ideas para improvisar, crear, descubrir, conectar

Tipo de gamificación:	**Número de participantes:**	**Modalidad:**	**Duración**
centrada en potenciar competencias, y en cohesionar un grupo alrededor de un aprendizaje para potenciarlo.	5-30	presencial o en línea	1-3 h

Usos y futuro: esta cadena de microgamificaciones empezamos a usarla para trabajar con educadores en el diseño de sus primeras gamificaciones (tanto online como presencial). Recientemente la hemos transferido a formación para el desarrollo de capacidades de resolución de problemas (que, de momento, solo hemos hecho presencial). Es muy flexible, puede usarse en muchos contextos y temáticas diferentes. ¡Funciona muy bien y es bastante divertida!

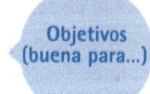

Objetivos (buena para...)

- Desarrollar el pensamiento hipotético-deductivo y la creatividad alrededor de situaciones o cuestiones concretas (que representan los contenidos que se trata de enseñar).
- Potenciar un aprendizaje más conectado.
- Desarrollar competencias de trabajo en equipo.

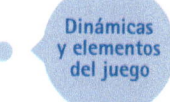

Dinámicas y elementos del juego

Nada más empezar la sesión se pide a los participantes escribir en papeles qué cosas se llevarían si tuvieran 5 minutos para huir de su casa, y los vayan metiendo en una bolsa de tela.

A lo largo de la sesión, cuando se han dado los contenidos necesarios, se plantea a los participantes una situación o cuestión sobre la que tienen que hacer un rápido *brainstorming* pegando las ideas en *post-its* sobre una superficie. Es la <u>dinámica</u> que llamamos «Posts up! 5min!»; con <u>tiempo limitado</u>. Está muy bien hacerlo <u>todos juntos</u> porque crea un cierto <u>caos</u> lúdico, pero puede hacerse en equipos si se prefiere.

Nada más empezar la sesión se pide a los participantes escribir en papeles qué cosas se llevarían si tuvieran 5 minutos para huir de su casa, y los vayan metiendo en una bolsa de tela.

A lo largo de la sesión, cuando se han dado los contenidos necesarios, se plantea a los participantes una situación o cuestión sobre la que tienen que hacer un rápido *brainstorming* pegando las ideas en post-its sobre una superficie. Es la dinámica que llamamos «Posts up! 5min!»; con tiempo limitado. Está muy bien hacerlo todos juntos porque crea un cierto caos lúdico, pero puede hacerse en equipos si se prefiere.

Transcurrido el tiempo, se entrelaza la dinámica que llamamos «Más!». Consiste en pedir que vayan más lejos (que analicen más posibilidades o creen alternativas adicionales), con un «Más posts up! 5min!», «Y más! 5min!»... Queremos que en la segunda o tercera iteración les empiece a costar encontrar más ideas, para lo que ajustaremos el tiempo permitido en cada una en función de la situación o cuestión planteada. Al llegar a ese punto, les ofrecemos que saquen cosas de la bolsa de tela y traten de lograr conexiones entre ellas y la situación o cuestión en sí misma, o con alguno de los *post-its* pegados. Buscar conexiones entre conceptos y objetos divergentes es una técnica de creatividad. Tendremos que guiar el proceso en función de la sesión (por ejemplo, a veces hacemos nosotros un par de ejemplos iniciales, otras veces pedimos a dos o cuatro voluntarios que empiecen uno a uno y, cuando le van cogiendo el truco a la dinámica, dejamos que lo hagan todos de forma simultánea y, si quieren, hablando entre ellos). Estas dinámicas tratan de potenciar el pensamiento hipotético-deductivo, que permite profundizar en los métodos y conceptos, y crear relaciones entre ellos y otros de diferentes asignaturas o experiencias para lograr un aprendizaje integral.

En ese momento se analiza el panel *de post-its* (o se sigue trabajando sobre él, si hay más pasos que recorrer, o si se quieren clasificar u ordenar de alguna manera, crear flujos entre ellos...) y se avanza en los contenidos de la sesión.

También se puede entrelazar la dinámica que llamamos «Menos/Otro». Consiste en, más adelante, si por ejemplo les hemos pedido que agrupen los *post-its* en categorías, iniciar ciclos de «Menos!», que significa que consigan disminuir el número de categorías sin perder ningún *post-it* (para lo cual tendrán que ampliar el alcance de las mismas, lograr generalizar más), y «Otro!», que significa que necesitan cambiar una de las categorías definidas (puede ser por una alternativa diferente, para ver si surge alguna idea mejor, o alterando algo que ya se había puesto para mejorarlo o modularlo). En este caso, la sesión sería más larga, lo que puede ayudar cuando son grupos grandes a permitir (o provocar) que todos participen y hablen (no se recomienda dividirla en dos, porque se perdería el estado mental alcanzado y el hilo de las argumentaciones).

Resumen de la composición elementos-dinámicas de juego	
Elementos del juego utilizados	Dinámicas utilizadas
• Equipamiento (representado en las cosas que meten y sacan de la bolsa) • Tablero (representado por la superficie sobre la que se colocan los *post-its*) • Tiempo limitado.	• Reto • Búsqueda (mental) • Cooperación • Libertad e interactividad • Narrativa/historia en función de la situación que se les plantee o cómo se les presente la cuestión a trabajar (opcional)

Adaptaciones en tiempo real

En este caso, puede ser útil diferenciar entre las adaptaciones previas a la sesión y aquellas a implementar en tiempo real, según la evolución de la sesión o clase.

Antes de enseñar hay que definir sobre qué situación o cuestión van a trabajar los participantes (por ejemplo, qué problema van a tratar de resolver, que aspecto de su clase van a tratar de gamificar, qué concepto o método van a desentrañar...), y cuál es la pregunta de lanzamiento del *brainstorming*. También si queremos usar todas las posibilidades («Post-up», «Más», «Menos», «Otro» y bolsa de creatividad) o elegir algunas de ellas, y en qué momento exactamente se usan (si, por ejemplo, hay varios pasos; o si se plantean diversas situaciones o cuestiones sucesivas, y sobre cada una se usa una gamificación diferente). Finalmente, ajustar los tiempos y número de ciclos esperados.

En tiempo real hay que ver si esos tiempos funcionan o hay que variarlos, si sobran o faltan ciclos o iteraciones, o si por alguna razón decidimos saltarnos alguna dinámica que llevábamos planificada. Lo que no es recomendable es incluir una que no estaba prevista: improvisar es muy arriesgado en gamificación educativa, e incluso si no se vuelve un desastre organizativo, es muy probable que pierda poder didáctico porque no se ha diseñado siguiendo los pasos propuestos en el capítulo anterior (con suficiente nivel de reflexión).

Para hacerlo online, nosotros proponemos usar una herramienta que permita a muchas personas trabajar juntas de forma simultánea en un panel de *post-its* (por ejemplo, MIRO). Si los participantes no la han usado nunca, conviene planificar tiempo para ver posibles problemas técnicos o que se familiaricen un poco con ella (con 15 minutos debería bastar).

4.5. Procesos escondidos

Tabla 4.5. Instrucciones: vamos a jugar a la oca de toda la vida, aunque hoy cada casilla esconde una prueba y, al ir superándolas con mi ayuda, aprenderéis a dirigir un proyecto

Tipo de gamificación:	**Número de participantes:**	**Modalidad:**	**Duración**
esconde un proceso evolutivo, incremental o iterativo	6-30	presencial o en línea	2-3 h

Usos y futuro: Esta gamificación es de las que más hemos usado, siempre para la formación en gestión de proyectos de investigación y desarrollo tecnológico. Hemos trabajado con estudiantes de grado, doctorandos, investigadores de distintos grados de experiencia, gestores e innovadores, en muy diversas áreas y con origen en multitud de países europeos, en América, norte de África y también asiáticos; tanto en modalidad presencial como online. Es más compleja de llevar que otros de los ejemplos compartidos, pero funciona muy bien; merece la pena.

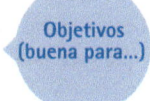

Objetivos (buena para...)

- Aprender y, directamente, aplicar conceptos y herramientas metodológicas.
- Simultáneamente, aprender procesos y a trabajar por fases, fomentando además el trabajo en equipo.
- Desarrollo de competencias en liderazgo y toma de decisiones.

Dinámicas y elementos del juego

- Dinámicas:

    - Reto: la dinámica principal consiste en recorrer en equipos un tablero en el que, excepto las casillas de oca o dados, muestran interrogaciones. Cada vez que un equipo cae en una casilla, el educador/a les plantea una actividad (ej.: prepara la estructura de desglose de tareas del proyecto), explica con esquemas cómo se hace y los conceptos relacionados, y reparte los equipos en distintas zonas del aula para que trabajen en ello, cerrando con un debate final entre todos/as sobre las distintas soluciones propuestas y que el educador/a dé *feedback*. Antes les ha presentado un caso de estudio o proyecto real sobre el que gira todo. Es la primera vez que hacen esas cosas y el tiempo se limitado. Las actividades van generando una cadena incremental (ej.: dar temporalidad a las tareas desglosadas anteriormente para preparar el calendario o Gantt de proyecto y, de paso, revisar lo que se quiera), y el educador las va presentando con unas fichas a modo de concurso televisivo.

- *Quiz,* acertijo, puzle: se alternan los retos con una dinámica secundaria para que la sesión se haga más dinámica y lúdica. Consiste en lanzar una afirmación al aire, y que los participantes, individualmente, voten si están a favor o en contra o a medias (lo que se llama un *line-up*). Luego se explica la opción más correcta, y ellos/as mismos/as determinan si acertaron o se equivocaron y por qué (*autofeedback*).

- Elementos del juego:

  - El tablero: con las interrogaciones que esconden ese proceso iterativo que están aprendiendo y, a la vez, elementos puramente lúdicos como las ocas.

  - Los equipos: que se acompañan a lo largo de toda la sesión.

  - Recompensas y penalizaciones: en determinados momentos, el educador/a lanza a un grupo una frase «Como habéis [...], entonces [...]». No son cosas que hayan hecho en la realidad, sino que están relacionadas con la temática de la sesión (por ejemplo, «por haber preparado un buen plan de comunicación interna, avanzáis dos casillas»; o «por no haber felicitado a tu equipo al superar un hito del proyecto, un turno sin jugar»). Se trata de evitar entrar en rutinas, poder lanzar mensajes relativos al aprendizaje de forma muy rápida pero impactante, tener herramientas para acelerar o decelerar el juego en función de lo que esté saliendo en los dados y, también, provocar algunas risas.

Finalmente, se cierra con una recopilación de conclusiones, en las que se explicitan algunas cosas como, por ejemplo, el proceso o fases ocultas tras el tablero, o las acciones más relacionadas con el liderazgo de proyectos en contraposición a la gestión de proyectos. En algunos casos, al cabo de una semana se ha hecho un test a los participantes sobre los contenidos más importantes (15 preguntas de respuesta múltiple, a elegir la correcta).

Resumen de la composición elementos–dinámicas de juego

Elementos del juego utilizados	Dinámicas utilizadas
- Tablero, dado y fichas	- Reto (dinámica principal)
- Equipos	- Debate y feedback
- Tiempo limitado/iteración	- *Quiz* y *autofeedback* (dinámica secundaria)
- Recompensas/penalizaciones (dinámica secundaria)	- Cooperación/competición

Figura 4.1. Ejemplo de configuración de la gamificación.

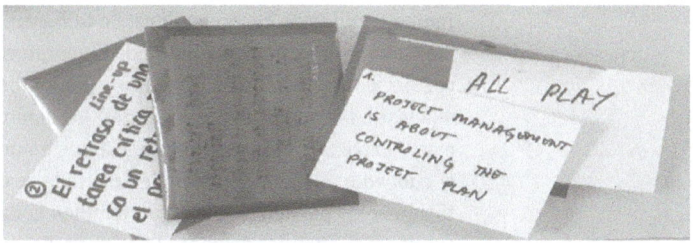

Figura 4.2. Ejemplo de fichas que puede usar el educador/a para presentar los distintos tipos de actividades.

Adaptaciones en tiempo real

Una de las cosas más importantes en esta gamificación es la gestión del tiempo. Necesitamos un equilibrio entre dinamismo y juego, y que dé tiempo a resolver suficientemente las actividades y a asimilar los conceptos y herramientas que nos hayamos marcado como objetivos mínimos para el grupo. La naturaleza incremental de las actividades ayuda, dado que podrán volver a algo que no les ha dado tiempo a terminar inicialmente. Además, todos van a escuchar el *feedback* del educador, y a participar de la recopilación final de aprendizajes. El educador/a tendrá que decidir en cada momento si alargar o acortar tiempos de trabajo, si apoyar más a un equipo que se está quedando rezagado en los momentos de trabajo separado, si incluir más retos o, por el contrario, más dinámicas secundarias, etc. Una cosa que hemos aprendido es a limitar el *feedback* a lo estrictamente necesario para no alargar demasiado los momentos de explicación; siempre podemos volver a alguna idea en rondas sucesivas, o aportarlo en forma de contenidos adicionales tras la sesión. O, simplemente, dejarlo atrás y centrarnos en lo más importante; aquello que queremos que retengan.

También hay que considerar aspectos emocionales de los participantes. Por ejemplo, en una ocasión sentimos que usar penalizaciones no iba a ser bien recibido por el grupo (les iba a desmotivar), así que convertimos todas las cartas en recompensas, aunque disminuyendo «el premio» (por ejemplo, que avanzaran solo una casilla adicional en lugar de dos, o que simplemente recibieran un aplauso).

Y, finalmente: una vez con un grupo surgió el espíritu de competición; de pronto se volvió importante ganar o perder la oca (no nos había pasado antes). Quisimos adaptarnos a ello para que se percibiera bien la gamificación, y no quedase de alguna manera truncada o se desvinculase del aprendizaje (mantenerla integrada), pero manteniendo el foco educativo. Así que sobre la marcha definimos una gran prueba final, que todos los que llegaran a la casilla de meta debían superar (que, en realidad, era una actividad ya prevista que no había dado tiempo a hacer).[24] Además, para poder enfrentarse a ella, debían caer de forma exacta en la casilla de meta, y si no, retroceder el sobrante.

También lo hemos hecho en línea. En la mayoría de los casos usábamos un tablero digital adaptado de la plataforma Canva. Pero una vez decidimos hacerlo de otra forma para poder tener siempre todo a la vista: las personas participantes, las diapositivas con los esquemas y explicaciones, y el tablero. Así que en una webcam aparecía el educador, en otra el tablero, en pantalla se compartía la presentación, y los participantes tenían también la cámara encendida. Así evitábamos cambiar de pantalla en pantalla (tablero-diapositivas-tablero...), y lográbamos un efecto un poco *vintage* que creaba ambiente. Por otra parte, es algo más complejo logísticamente, porque el educador necesita controlar dos webcams (dos portátiles), o trabajar con un compañero (o, quizá, un delegado de clase). Desde entonces, elegimos una u otra forma en función del grupo, a espera de poder invertir en una cámara profesional que nos permita hacerlo de una forma más elegante (aunque puede que echemos de menos el efecto *vintage*, quién sabe).

Son solo algunos ejemplos; seguiremos trabajando en cosas nuevas. Hay motivadores identificados por Jon Radoff (2011) que queremos explorar (encontrar tesoros inesperados, quizá en forma de lo que en el mundo de los videojuegos se llama «huevos de pascua»;[25] que los participantes organicen los equipos; experimentar la belleza de algo, lo extraño, o el caos; intercambiar regalos; ahondar en un misterio...). Y tecnologías que, usadas hábilmente, pueden ser germen de grandes

---

24. Nos ayudó que en este caso estábamos 2 personas, uno de nosotros y el profesor de la asignatura en la cual se enmarcó la sesión en dicha ocasión. Pero lo hacemos habitualmente un único educador/a (no queremos que el uso literario de la primera persona del plural lleve a error en este sentido).

25. Consiste en esconder (y descifrar) un mensaje que ha de ser encontrado por los participantes.

ideas (por ejemplo, la inteligencia artificial generativa).[26] Y dimensiones de los elementos y dinámicas del juego de entre los descritos por Toda et. Al (2019) en los que nos gustaría ahondar (por ejemplo, que el alumno/a pueda acertar por azar; y que realicen transacciones cognitivas o sociales entre ellos).

---

26. Como es ChatGPT. De momento, empezamos a formarnos en la tecnología de la mano de investigadores de la UNED; luego lo pensaremos bien; finalmente, ¡hasta el infinito y más allá!

5. Estratégico

EDUARDO MOTA SEISDEDOS

Bienvenidos al capítulo «Estratégico», donde trataremos de abordar tres puntos importantes de los entornos gamificados, ahora que ya tenemos un buen mapa general sobre lo que son. Primero, intentaremos ayudaros a enfocar su evaluación, conociendo qué potencialidades alberga, qué aspectos clave hay que tener en cuenta y qué pasos debemos procurar cumplir para su diseño. Posteriormente, hablaremos de los recursos educativos abiertos (*open educational resources*), primera fuente obligatoria para plantear una gamificación didáctica. Y, en último lugar, de las comunidades de práctica, un paso más allá cuando la experiencia ya acompaña y queremos seguir enfocando la educación desde otro punto de vista.

5.1. Evaluar durante el aprendizaje gamificado: ¿qué oportunidades nos brinda?

Como venimos diciendo, la gamificación en la educación ha emergido como un enfoque novedoso que incorpora elementos del juego en el proceso de enseñanza-aprendizaje. A medida que los educadores buscan formas innovadoras de involucrar a los estudiantes y aumentar su motivación, la gamificación ha demostrado ser una estrategia eficaz. Sin embargo, en medio de la emoción que rodea a esta metodología, es fundamental recordar que la evaluación sigue siendo un pilar esencial para comprender y mejorar el aprendizaje del alumno. Además, un instrumento esencial y parada obligatoria para los programas curriculares de los educadores.

La **evaluación en gamificación**, en su sentido más amplio, abarca mucho más que la simple medición del conocimiento adquirido; se trata de una herramienta relevante para guiar, personalizar y mejorar el proceso de enseñanza-aprendizaje. Potencialmente, y guiada por determinadas perspectivas, puede dejar de ser el habitual instrumento de coerción-estimulación donde domina exclusivamente el resultado, para convertirse en un medio colaborativo entre educador y alumno que pase por un proceso de enriquecimiento individual e interdependiente.

Por ejemplo, en lugar de limitarse a pruebas escritas, los alumnos pueden evaluar las contribuciones de sus compañeros, sus estrategias y decisiones, y justificar sus calificaciones (coevaluación creativa). O en lugar de promover la competencia individual, se puede utilizar una competencia colaborativa. Por ejemplo, en un juego de resolución de problemas en equipo, los equipos ganan puntos al trabajar juntos eficazmente en lugar de competir entre sí.

También, después de completar un desafío, los estudiantes pueden escribir un diario sobre las decisiones que tomaron y cómo podrían haber mejorado su estrategia (autoevaluación reflexiva). Además, puede adaptarse la estrategia gamificada según el progreso individual de cada estudiante. Si un estudiante muestra fortalezas en ciertos conceptos, el juego puede proporcionar desafíos más avanzados relacionados con esos conceptos (rutas de aprendizaje personalizadas).

Entonces, ¿cuáles podríamos decir que son las principales virtudes de la evaluación aplicada a un contexto gamificado?

Tabla 5.1. Principales características de la evaluación en gamificación

Medición del progreso y el desempeño individual	Retroalimentación significativa
La gamificación fomenta la participación activa y el trabajo común, pero ¿cómo podemos saber si los estudiantes están alcanzando los objetivos de aprendizaje? La gamificación, generando un contexto continuado y lleno de hitos, permite que la evaluación no sea un acto sino todo un camino, donde los educadores pueden medir el progreso de cada estudiante de manera individual. Esto les lleva a identificar fortalezas y áreas de mejora, adaptando la enseñanza para satisfacer las necesidades específicas de cada alumno/a. Así, la unilateralidad y linealidad de la evaluación clásica puede transformarse en una visión más plural y coherente con el desarrollo de cada uno, desigual y salpicado de etapas diferentes.	La retroalimentación efectiva es esencial para el aprendizaje. En un entorno gamificado, fruto de un recorrido que debe ir siendo completado y que es, por definición, multifacético, los estudiantes reciben reiteradamente retroalimentación instantánea a través de ir solventando sus propios retos de aprendizaje. O, dicho de otro modo, los propios resultados de su proceso de aprendizaje conllevan ya lecciones que integrar. Pero la evaluación puede dar también una oportunidad para una retroalimentación más rica y detallada. En estos diseños gamificados, los educadores pueden destacar logros específicos, identificar errores comunes y ofrecer consejos personalizados para el crecimiento de una manera mucho más habitual, holística y detallada, al menos, que en un diseño curricular organizado únicamente sobre clases magistrales. Esta retroalimentación enriquece la comprensión del estudiante sobre su progreso y áreas de enfoque.

Promoción la metacognición	Alineación la gamificación con objetivos de aprendizaje	Fomento de la responsabilidad del aprendizaje
La gamificación fomenta la metacognición, la reflexión sobre el proceso de aprendizaje. La evaluación bien diseñada puede llevar esto un paso más allá al desafiar a los estudiantes a reflexionar sobre sus estrategias de trabajo y cómo estas se relacionan con sus resultados. Esto les ayuda a desarrollar habilidades de autorregulación y a comprender mejor cómo aprenden.	La gamificación puede ser altamente personalizable, pero corre el riesgo de desviarse de los objetivos de aprendizaje si no se evalúa adecuadamente. La evaluación garantiza que las actividades gamificadas estén alineados con los resultados deseados. Los educadores pueden identificar si las dinámicas y elementos propios del juego están cumpliendo sus propósitos educativos y realizar ajustes según sea necesario.	La evaluación en contextos gamificados también puede fomentar la responsabilidad del aprendizaje. Al sumergirse en un entorno interactivo y envolvente esta inmersión crea un compromiso intrínseco, ya que los estudiantes se sienten atraídos por la experiencia. A medida que avanzan, asumen la responsabilidad de su progreso y éxito, lo que los motiva a participar activamente y a tomar decisiones informadas. Estos factores ayudan a que la autoevaluación sea integrada como una parte más del proceso y a que las respuestas sobre su propia evolución sean buscadas y queridas.

Ahora bien, ¿por dónde podemos **empezar** para diseñar el proceso de evaluación?

Antes de adentrarnos en los aspectos específicos de la evaluación en la gamificación, es esencial **establecer una base sólida** para el proceso de evaluación.

En primer lugar, **establecer objetivos claros**:

- Contextualización de los objetivos. La definición de objetivos de aprendizaje debe estar intrínsecamente ligada a los contenidos curriculares y a las competencias clave que los estudiantes deben adquirir. Es importante mantener la alineación precisa entre los objetivos de aprendizaje y las actividades gamificadas para el éxito de la gamificación en la educación.

Ejemplo: en un curso de matemáticas, un objetivo claro podría ser que los estudiantes comprendan y apliquen conceptos de álgebra lineal para resolver problemas del mundo real. Esto proporciona una base sólida para diseñar actividades gamificadas que se centren en el álgebra lineal y su aplicabilidad en situaciones cotidianas.

- Desglose de objetivos en habilidades específicas: los objetivos de aprendizaje deben desglosarse en habilidades y competencias específicas que los estudiantes deben demostrar. Debemos destacar la importancia de identificar estas habilidades para crear evaluaciones gamificadas efectivas.

 Ejemplo: si el objetivo es que los estudiantes comprendan conceptos de álgebra lineal, las habilidades específicas podrían incluir resolver ecuaciones lineales, graficar funciones lineales y aplicar estas habilidades para resolver problemas de optimización. Cada habilidad se convierte en un objetivo de aprendizaje en sí mismo.

- Consideración de niveles de dificultad: los objetivos de aprendizaje pueden diseñarse con diferentes niveles de dificultad para abordar las necesidades de todos los estudiantes. Nuestra experiencia sugiere que la gamificación puede adaptarse a la diversidad de habilidades de los estudiantes mediante la inclusión de desafíos escalonados.

 Ejemplo: para el objetivo de comprender conceptos de álgebra lineal, se pueden establecer niveles de dificultad creciente en las actividades gamificadas. Los estudiantes pueden comenzar con ejercicios básicos y avanzar hacia problemas más complejos a medida que demuestren dominio.

- Evaluación de objetivos a lo largo del tiempo: por ejemplo, puede evaluarse el progreso de los estudiantes en relación con los objetivos a lo largo del tiempo. Esto permite ajustar las actividades gamificadas según sea necesario.

 Ejemplo: los educadores pueden realizar evaluaciones formativas periódicas para verificar el progreso de los estudiantes hacia el objetivo de comprender conceptos de álgebra lineal. Si se identifican deficiencias, pueden adaptar las actividades gamificadas para abordar áreas problemáticas específicas.

En segundo lugar, **seleccionar indicadores de desempeño**:

- Identificación de indicadores relevantes: la primera etapa en este proceso implica la identificación de los indicadores que serán representativos del aprendizaje y el compromiso de los estudiantes durante la actividad gamificada. Esto se basa en la idea de que los indicadores deben ser congruentes con los objetivos específicos de la gamificación y las competencias que se pretenden desarrollar.

Ejemplo: si el objetivo de una actividad gamificada es mejorar la comprensión de conceptos históricos, los indicadores podrían incluir el número de respuestas correctas en preguntas de historia, la precisión en la secuencia de eventos históricos y la participación activa en discusiones sobre la historia.

- Diversidad de indicadores: es importante reconocer que un solo indicador de desempeño puede no capturar completamente la gama de habilidades y conocimientos que los estudiantes deben adquirir. Se promueve el uso de indicadores que reflejen diferentes dimensiones del aprendizaje.

Ejemplo: además de las respuestas correctas en preguntas de historia, los educadores pueden evaluar la calidad de las explicaciones de los estudiantes, su capacidad para relacionar eventos históricos y su capacidad para aplicar conceptos históricos a situaciones nuevas.

- Indicadores cuantitativos y cualitativos: la combinación de indicadores cuantitativos (como puntajes o porcentajes) con indicadores cualitativos (como comentarios reflexivos) puede proporcionar una evaluación más completa del desempeño de los estudiantes. Esto se basa en la idea de que la calidad del aprendizaje no se limita a datos cuantitativos, sino que también involucra aspectos cualitativos.

Ejemplo: además de calificar las respuestas a preguntas de historia, los educadores pueden pedir a los estudiantes que reflexionen sobre lo que han aprendido y cómo han aplicado los conceptos históricos en sus respuestas.

- *Feedback* continuo y ajustes: los indicadores de desempeño deben utilizarse para dar retroalimentación continua a los estudiantes. Esta práctica se basa en la noción de que el *feedback* constante puede mejorar la motivación y el compromiso de los estudiantes en las actividades gamificadas, lo que resulta en un aprendizaje más efectivo.

Ejemplo: los educadores pueden brindar retroalimentación específica sobre las respuestas incorrectas y destacar los logros de los estudiantes en la comprensión de conceptos históricos.

En tercer lugar, diseñar **tareas gamificadas evaluables**:

- Diseño de tareas relevantes: las tareas gamificadas deben ser cuidadosamente diseñadas para ser relevantes y alineadas con los objetivos de aprendizaje. Esto implica asegurarse de que las tareas reflejen los conceptos y habilidades que se espera que los estudiantes adquieran.

Ejemplo: en un juego educativo sobre ecología, las tareas podrían incluir la resolución de problemas relacionados con la conservación de la biodiversidad y la identificación de impactos ambientales en escenarios del mundo real.

- Evaluabilidad de tareas: las tareas gamificadas deben ser diseñadas de manera que puedan ser evaluadas de manera efectiva y objetiva. Esto implica desarrollar criterios claros y medibles para evaluar el desempeño de los estudiantes.

Ejemplo: para evaluar la comprensión de conceptos ecológicos, se pueden establecer criterios que midan la precisión de las soluciones propuestas por los estudiantes y su capacidad para explicar las implicaciones ambientales de sus decisiones.

- Significado y transferencia del aprendizaje: el diseño de tareas gamificadas evaluables debe enfocarse en promover el aprendizaje significativo, donde los estudiantes relacionan nuevos conocimientos con su comprensión previa y pueden transferir lo aprendido a situaciones del mundo real.

Ejemplo: en un juego de historia, los estudiantes pueden asumir roles históricos y tomar decisiones basadas en eventos del pasado. Esto no solo les ayuda a comprender mejor la historia, sino que también les permite aplicar principios históricos a situaciones contemporáneas

¡Genial! Ahora que tenemos una base sólida, vamos a ver qué pasos hay que seguir para realizar una evaluación en un contexto gamificado.

Tabla 5.2. Evaluación del proceso de aprendizaje en un contexto gamificado

La evaluación del proceso de aprendizaje gamificado es muy útil para comprender y mejorar la experiencia de los estudiantes. Para llevar a cabo esta evaluación de manera efectiva, es importante seguir estos pasos.

Observación continua: que los educadores mantengan un seguimiento constante de las interacciones de los estudiantes con el juego y con sus compañeros. Esto implica observar cómo se involucran, resuelven problemas y colaboran durante el proceso de aprendizaje gamificado. La observación continua proporciona información valiosa sobre el compromiso y la participación de los estudiantes.

Feedback **oportuno**: proporcionar retroalimentación en tiempo real es fundamental para el aprendizaje efectivo en un entorno gamificado. Es muy recomendable que los educadores se hayan preparado para ofrecer comentarios constructivos sobre el desempeño de los estudiantes en las tareas gamificadas. Esta retroalimentación puede ayudar a los estudiantes a mejorar su comprensión y habilidades en tiempo real.

Registro de datos: utilizar herramientas para recopilar datos sobre el progreso del estudiante. Esto puede incluir puntos ganados, niveles alcanzados, logros desbloqueados y otras métricas relevantes. El análisis de datos proporciona una visión detallada del rendimiento de los estudiantes y permite ajustar la gamificación según sea necesario.

Tabla 5.3. Evaluación de competencias básicas en la gamificación

La gamificación ofrece una plataforma efectiva para el desarrollo de competencias básicas importantes. Para evaluar estas competencias de manera efectiva, se recomienda lo siguiente:

Identificación de competencias: identificar las competencias específicas que se están desarrollando a través de la gamificación, como el pensamiento crítico, la resolución de problemas, la creatividad y la colaboración. Estas competencias deben estar alineadas con los objetivos del programa curricular.

Rúbricas de evaluación: crear rubricas que describan claramente los niveles de competencia y los criterios de evaluación para cada una de las competencias básicas identificadas. Esto proporciona una estructura sólida para la evaluación y permite una evaluación más objetiva y precisa.

Evaluación auténtica: diseñar tareas gamificadas que reflejen situaciones del mundo real y que requieran la aplicación de las competencias básicas identificadas. Esto asegura que la evaluación sea auténtica y significativa, ya que los estudiantes deben aplicar sus habilidades en contextos reales.

Tabla 5.4. Técnicas e instrumentos de evaluación de gamificación

La elección de técnicas e instrumentos adecuados ayudará a lograr una evaluación efectiva en un entorno gamificado. Se sugiere lo siguiente:

Autoevaluación y coevaluación: fomentar la autoevaluación entre los estudiantes, permitiéndoles reflexionar sobre su propio progreso y sobre el de sus compañeros. Esto promueve la metacognición y la responsabilidad del aprendizaje.

Portafolios digitales: utilizar herramientas en línea para que los estudiantes recopilen evidencia de su aprendizaje a lo largo del tiempo. Esto proporciona una visión integral de su desarrollo y permite a los estudiantes reflexionar sobre su progreso.

Evaluaciones formativas: implementar cuestionarios, discusiones en línea y actividades breves para evaluar el aprendizaje en tiempo real. Las evaluaciones formativas permiten realizar ajustes y adaptaciones según sea necesario y brindan información inmediata sobre el desempeño de los estudiantes.

Tabla 5.5. Autoevaluación para educadores y estudiantes

La autoevaluación es una herramienta poderosa tanto para los educadores como para los estudiantes en un contexto gamificado. Se sugiere lo siguiente:

Educador como reflexionador: es importante que los educadores reflexionemos regularmente sobre nuestro desempeño en la implementación de la gamificación. Esto también implica identificar fortalezas y áreas de mejora para continuar refinando los diseños de nuestras gamificaciones.

Fomentar la autonomía del estudiante: ayudar a los estudiantes a desarrollar habilidades de autoevaluación, permitiéndoles evaluar su propio aprendizaje y establecer metas de mejora. Esto fomenta la responsabilidad y la autoeficacia de los estudiantes en su proceso de aprendizaje gamificado.

5.2. Recursos educativos abiertos. ¿Qué son y cuál puede ser su uso?

Los recursos educativos abiertos (REA) son materiales didácticos, objetos de aprendizaje y recursos pedagógicos diseñados, creados y compartidos online con la finalidad de apoyar los procesos de enseñanza y aprendizaje.
Podríamos relacionarlos con las siguientes características:

- **Acceso libre**. Una de las principales características de los REA es su acceso gratuito y sin restricciones significativas. Esto significa que tanto profesores como estudiantes pueden utilizarlos, adaptarlos y redistribuirlos sin incurrir en costos económicos, eliminando las barreras económicas que a menudo limitan el acceso al conocimiento y los recursos educativos. Esta accesibilidad contribuye a democratizar la educación y garantiza que el aprendizaje esté al alcance de todos, independientemente de su situación económica.
- **Variedad de formatos: los REA se presentan en varios formatos**. Desde objetos de aprendizaje interactivos y libros de texto digitales hasta videos educativos, simulaciones, entornos virtuales y cursos en línea completos (conocidos como *open oourseware*), los REA ofrecen flexibilidad para adaptarse a diferentes estilos de aprendizaje y necesidades educativas. Esta diversidad de formatos permite a los educadores seleccionar y personalizar los recursos que mejor se adapten a sus objetivos pedagógicos y a las preferencias de sus estudiantes.
- **Atribución de autoría**. A pesar de su disponibilidad abierta, los REA respetan los derechos de autor y requieren que se atribuya correctamente la autoría original. Esto significa que los creadores de los REA deben recibir el reconocimiento adecuado por su trabajo. La atribución de autoría es esencial para garantizar la integridad intelectual y promover una cultura de respeto por la propiedad intelectual. Los usuarios de REA deben seguir las licencias específicas que acompañan a cada recurso para cumplir con los términos de atribución adecuados.

En este apartado, exploraremos cómo diseñar un REA estructurada y meticulosamente, prestando atención tanto a las características pedagógicas como a las tecnológicas. El diseño o uso de REA debe ser una respuesta efectiva a los objetivos de aprendizaje, ofrecer contenidos de alta calidad y presentar propuestas motivadoras para los estudiantes. Entender cómo se hace puede ser útil, también, para elegir mejor los REA ya creados que queramos usar en una gamificación.

Las características tecnológicas también son cruciales en el diseño de REA, ya que estos recursos deben ser accesibles y reutilizables. Un principio fundamental de los REA es su capacidad para usarse en diversos contextos educativos, por lo que un diseño sólido es esencial para lograrlo.

Antes de adentrarnos en la creación o elección de un REA, es esencial realizar una planificación exhaustiva. Esta planificación actúa como un marco flexible que guía la creación del recurso y se adapta a las necesidades y nuevas ideas que puedan surgir. Para llevar a cabo una planificación coherente, es necesario considerar tres premisas fundamentales:

- **Decisiones curriculares**. Aquí, se definen los objetivos de aprendizaje y qué se espera que los estudiantes alcancen. Estos objetivos son la base sobre la cual se construirá el REA.
- **Decisiones pedagógicas**. Esta etapa implica determinar la metodología, las tareas, los momentos y los tipos de evaluación que se utilizarán en el proceso de aprendizaje.
- **Decisiones materiales**. En esta fase, se seleccionan los recursos y espacios, y se determina cómo se utilizarán en el proceso de enseñanza-aprendizaje. Además, se considera el contexto de uso, el dispositivo y la licencia que se aplicará al REA.

Primero, si en nuestro caso queremos optar por seleccionar un REA de entre los disponibles online, lo más importante a considerar es su posible uso. En función de para qué queramos utilizarlos, podríamos encontrar las siguientes categorías:

- **Infografías**.[27] Las infografías son representaciones visuales de información o datos, generalmente diseñadas de manera gráfica y atractiva. Se utilizan para simplificar y presentar información compleja de manera visualmente atractiva, lo que facilita la comprensión y retención de conceptos.
- **Simulaciones interactivas**.[28] Las simulaciones interactivas son representaciones computarizadas de procesos o situaciones que permiten a los usuarios explorar y experimentar. Se utilizan para comprender conceptos complejos al permitir a los estudiantes interactuar y experimentar con fenómenos de manera segura y controlada.

27. Por ejemplo, intentando compartir algunas fuentes de cada categoría, algunas directamente educativas, pero otras simplemente *open resource* con usabilidad para gamificación, en este caso podríamos acudir a Canva o Easel.ly.

28. Algunos de los más utilizados son PhET Interactive Simulations, ChemCollective o Wolfram Demonstrations Project.

- **Integración de juegos interactivos.**[29] Aplicaciones o actividades diseñadas para enseñar conceptos y habilidades a través de la participación lúdica. Son efectivos para motivar a los estudiantes y reforzar el aprendizaje a través de la participación activa y la resolución de problemas.
- **Recursos de audio.**[30] Los recursos de audio son grabaciones de sonido que pueden incluir pódcasts, conferencias, discusiones o audiolibros. Son útiles para el aprendizaje auditivo y la adquisición de información mientras se realizan tareas.
- **Imágenes.**[31] Las imágenes y fotografías educativas son recursos visuales que ilustran conceptos, lugares o temas educativos. Acompañan el contenido textual y enriquecen la comprensión al proporcionar representaciones visuales.
- **Mapas interactivos.**[32] Los mapas interactivos son representaciones geográficas que permiten a los usuarios explorar lugares, datos y fenómenos. Ayudan a comprender la geografía, la historia y la ubicación de eventos y datos relacionados con mapas
- **Recursos de ciencias** (experimentos, laboratorios virtuales).

Aunque son infinitas las fuentes y medios donde poder encontrar material accesible y universal para crear nuestras gamificaciones, también hay repositorios muy interesantes donde puedes encontrar mucho contenido de manera más sistematizada y conjunta.

Ahora que nos movemos con cierta agilidad entre las múltiples opciones abiertas que existen, quizás nos gustaría lanzarnos directamente al diseño de un REA. Para ello, podemos también comentar contigo algunos pasos generales:

---

29. Por ejemplo, Kahoot!, Scratch, Quizlet o ABCmouse.
30. LibriVox y Podcast Addict.
31. Unsplash, Wikimedia Commons y Pixabay.
32. Podríamos acceder a National Geographic MapMaker Interactive o ArcGIS Online.

Tabla 5.6. Pasos para el diseño de un REA

Identificación de objetivos: antes de crear REA, es esencial establecer objetivos de aprendizaje claros y específicos. Estos objetivos deben diseñarse según los resultados de aprendizaje deseados y las necesidades de los estudiantes.

Selección de medios y tecnologías: la elección de los medios y las tecnologías adecuadas es fundamental en la creación de REA. Los profesores tendrán considerar qué herramientas digitales, software o plataformas se adaptan mejor a sus objetivos y al estilo de aprendizaje de sus estudiantes.

Licencias y reutilización: cuando los profesores crean REA, es fundamental considerar las licencias bajo las cuales se compartirán. Las licencias abiertas, como Creative Commons, permiten que otros educadores y estudiantes reutilicen y adapten los REA. Esto contribuye a la creación de una comunidad educativa en línea donde el conocimiento se comparte y mejora constantemente.

5.3. Corto, medio y largo plazo. Comunidades de práctica

Si has conseguido poner en práctica buena parte de los consejos que hemos intentado volcar en este manual y te sientes seguro/a y capaz de poder seguir avanzando en el camino… queremos proponerte un siguiente paso que puede ser muy útil para el aprendizaje propio, el perfeccionamiento del proceso educativo y la relación con los alumnos y su desarrollo individual.

¿Creamos una comunidad de práctica?

Las **comunidades de práctica** son grupos de individuos con intereses y objetivos comunes que se reúnen para aprender, compartir conocimientos y resolver problemas en un área específica.

En el contexto educativo, puede estar compuesta por docentes que desean mejorar sus habilidades pedagógicas, estudiantes que colaboran en proyectos de investigación o personal administrativo que busca soluciones innovadoras para desafíos en la gestión escolar. Estas comunidades comparten un conjunto de normas y prácticas que promueven el aprendizaje efectivo y el crecimiento profesional.

Su implantación en entornos educativos ofrece una serie de beneficios significativos:

- Mejora del aprendizaje. Permite a docentes y estudiantes aprender unos de otros de manera colaborativa, fomentando un ambiente de aprendizaje más enriquecedor.
- Desarrollo profesional. Los docentes pueden utilizarlas para mejorar sus prácticas pedagógicas, compartir recursos y mantenerse al día con las últimas tendencias educativas.
- Resolución de problemas. Pueden brindar un espacio donde los participantes pueden abordar desafíos específicos en la enseñanza y encontrar soluciones efectivas.
- Innovación. Fomentan la creatividad y la innovación, ya que los miembros pueden proponer y explorar nuevas ideas y enfoques educativos.
- Conexiones significativas. Fortalecen las relaciones entre docentes, estudiantes y personal administrativo, lo que contribuye a un sentido de comunidad en la institución educativa.

Pero ¿cómo podemos crearlas y qué debemos tener en cuenta?

Tabla 5.7. Pasos para crear una comunidad de práctica

Pasos	Acciones
1	**Identificar el propósito y los objetivos.** Antes de crear una comunidad de práctica es esencial definir su propósito y objetivos. ¿Qué quiere lograr con esta comunidad? ¿Se enfocará en mejorar la enseñanza o fomentar la investigación estudiantil? Al clarificar estos aspectos, podrá establecer una dirección clara y atraer a participantes interesados en el mismo objetivo.
2	**Identificar a los participantes.** Determine quiénes serán los participantes ideales. Esto podría incluir docentes de diferentes áreas o estudiantes de distintos niveles educativo. La diversidad en la membresía puede enriquecer las discusiones y perspectivas.
3	**Establecer normas y roles.** Defina las normas y roles dentro de la comunidad de práctica. ¿Cómo se llevarán a cabo las interacciones? ¿Quiénes serán los moderadores o líderes de la comunidad? Establecer expectativas claras promoverá un ambiente colaborativo y organizado.

4   **Seleccionar plataformas y herramientas.** Elija las plataformas y herramientas que facilitarán la comunicación y colaboración en línea. Esto podría incluir foros de discusión, grupos de redes sociales, sistemas de gestión del aprendizaje o incluso reuniones presenciales.

5   **Fomentar la participación.** La participación es esencial para su éxito. Anime a los miembros a compartir sus conocimientos, experiencias y recursos. Puede utilizar desafíos, preguntas provocadoras o proyectos colaborativos para mantener el compromiso de la comunidad.

6   **Medir el éxito y ajustar.** Establezca métricas claras para medir su éxito, como la frecuencia de participación, la calidad de las discusiones o la implementación de soluciones propuestas. A partir de los resultados, ajuste las actividades y enfoques para mejorar continuamente la comunidad.

Por último, os vamos a proponer un pequeño horizonte en función de vuestra experiencia:

- A corto plazo:

  - **Participación**. Durante este período, centrarse en una participación dentro de la comunidad, involucrándose en discusiones, compartiendo recursos y estableciendo conexiones con otros miembros.
  - **Aprender de los colegas**. Explorar nuevas estrategias de enseñanza, enfoques pedagógicos o herramientas tecnológicas que otros miembros de la comunidad han encontrado efectivas.
  - **Contribución inicial**. Proporcionar aportes valiosos a las discusiones y actividades de la comunidad, compartiendo experiencias en áreas específicas o abordando desafíos comunes.
  - **Establecer conexiones**. Conectar con otros educadores que tienen intereses similares o experiencias compartidas, estableciendo bases para futuras colaboraciones.

- A medio plazo:

  - **Liderazgo emergente**. Siendo parte activa de la comunidad, considerar asumir un rol de liderazgo emergente, como moderador o coordinador de actividades.
  - **Colaboraciones**. Explorar oportunidades de colaboración con otros miembros en proyectos de investigación, desarrollo de recursos educativos o estrategias pedagógicas innovadoras.
  - **Compartir éxitos y desafíos**. A medida que continúa la participación, compartir éxitos y desafíos para inspirar a otros y generar discusiones significativas.
  - **Seguir aprendiendo**. Mantenerse al día con las últimas tendencias en gamificación e investigaciones para enriquecer las contribuciones a la comunidad.

- A largo plazo:

  - **Mentoría**. Siendo experimentado, ofrecer mentoría a miembros nuevos o menos experimentados para fortalecer la comunidad.
  - **Investigación conjunta**. Explorar oportunidades de investigación conjunta con otros miembros para contribuir al conocimiento en el campo educativo.
  - **Desarrollo profesional continuo**. Continuar buscando oportunidades de desarrollo profesional, asistiendo a conferencias y talleres para mantenerse actualizado.
  - **Promover la sostenibilidad**. Contribuir a la sostenibilidad de la comunidad involucrando a nuevos miembros y apoyando su gestión.
  - **Impacto en la institución**. Evaluar cómo las experiencias y conocimientos adquiridos en la comunidad pueden impactar positivamente en la institución educativa, abogando por cambios basados en evidencia y nuevas prácticas.

6. Conclusiones

Para terminar, resaltamos aquí mensajes clave explicados a lo largo de los diferentes capítulos de este manual y algunas conclusiones que no queremos que se olviden.

Tabla 6.1. Recopilación de ideas clave y conclusiones al manual

La gamificación como concepto didáctico.

La gamificación, la ludificación, el aprendizaje basado en juegos... a veces se acercan mucho los unos a los otros y las diferencias entre ellos se vuelven difusas. No importa; lo que necesitamos es mantener el foco en lo que queremos lograr desde el punto de vista educativo; lo que queremos enseñar y que los estudiantes o participantes aprendan.

La gamificación es un proceso con principios fundamentales.

La gamificación es un proceso sistemático de diseño (especialmente), implantación y mejora continua. Mantengamos siempre la perspectiva didáctica a lo largo del camino, y cumplamos los principios fundamentales: siempre el foco en los objetivos de aprendizaje, gamificación integrada en el propio proceso de enseñanza-aprendizaje, intensidad adecuada, dosis medida.

Uso de componentes del juego.

En gamificación, los elementos y dinámicas del juego se relacionan y combinan entre sí de forma lo más óptima posible. Unas combinaciones parecen funcionar muy bien; podemos usar esto para diseñar nuevas gamificaciones, mejorarlas, o adaptarlas de un uso a otro. Recordemos mantener el foco en qué queremos que se aprenda e incorporar solo componentes que ayuden a conseguirlo (manteniendo la gamificación lo más sencilla y pura-centrada posible).

Un elemento fundamental, que ocurre siempre, es el *feedback*; diseñémoslo de forma controlada.

Potenciador del aprendizaje.

La gamificación se usa como estrategia didáctica para potenciar el aprendizaje (que se aprenda más rápido, más profundamente, de forma más efectiva). Por esta razón, debe estar centrada en los estudiantes o participantes, y adaptarse a ellos en tiempo real según se está implementándola o poniéndola en uso. Podemos prepararnos para ello de antemano (que tengamos ases en la manga), de forma que nos resulte más fácil a nosotros y más útil a nuestro alumnado.

Además, los objetivos de aprendizaje que se pueden tratar de alcanzar a través de la gamificación educativa son muy diversos: comprensión y memorización de conceptos y herramientas (contenidos), desarrollo de competencias (experiencia), gestión de conductas (como la motivación) o comportamientos (como el compañerismo).

La gamificación implica actividad continuada de los participantes.

No decimos «continua» porque puede haber momentos en los que se estén explicando contenidos, o el educador/a esté dando *feedback*; pero sí «continuada», que fluya, que no se bloquee. La actividad puede ser de muchos tipos, no siempre implica movimiento (por ejemplo, la reflexión).

Y esta actividad e interactividad implica dinamismo de la propia gamificación y, por tanto, del proceso de enseñanza y aprendizaje.

La gamificación transforma la evaluación educativa.

Hemos querido transmitir que se puede explorar nuevas formas de evaluar. En la gamificación es posible trascender la simple medición del conocimiento adquirido y convertirla en un medio colaborativo entre educador y alumno, promoviendo el enriquecimiento individual. Si buscamos ir más allá del tradicional «peso» de la nota, del refuerzo positivo-negativo, podemos encontrar en los contextos gamificados herramientas relevantes que guíen, personalicen y mejoren el proceso de enseñanza-aprendizaje.

Los recursos educativos abiertos son una gran ayuda, sobre todo al principio.

Libres, disponibles en diferentes formatos, y fácilmente accesibles, pueden darnos ideas, enriquecer nuestras gamificaciones sin tener que saber usar ciertas herramientas, agilizar nuestro trabajo. Solo tienes que acordarte de mencionar su autoría.

Las comunidades de práctica: el siguiente paso en la experiencia y el aprendizaje.

Si cuentas con una trayectoria suficiente para desenvolverte en el diseño y aplicación de contextos gamificados, las comunidades de práctica te permitirán profundizar y compartir tu trabajo. Interdependientes y comunitarias, pueden ser el entorno ideal para enriquecer colectivamente el conocimiento y aprender haciendo.

Epílogo

Había una vez un pequeño pueblo llamado Sabiduría, donde la educación era valorada por encima de todo. En el centro del pueblo se encontraba un terreno baldío donde todos los habitantes solían tirar sus semillas de conocimiento y curiosidad. Un día, una joven llamada Alba decidió plantar una semilla especial que había heredado de su abuelo. Era una semilla misteriosa y brillante, y Alba sentía que tenía un potencial único.

La joven Alba cuidaba de su semilla con esmero, regándola todos los días, protegiéndola de las inclemencias del tiempo y compartiendo con ella sus deseos de aprender y crecer. Con el paso de los meses, la semilla comenzó a brotar y a crecer a un ritmo sorprendente. Se convirtió en un pequeño retoño con hojas resplandecientes que brillaban como la luz de la sabiduría.

A medida que el retoño crecía, se volvía más y más alto, hasta que se convirtió en un gran árbol de ramas fuertes y hojas exuberantes. La gente del pueblo se maravillaba ante este árbol especial que había surgido de la semilla de la educación. Las hojas del árbol se mostraban llenas de sabiduría, y las ramas se extendían como brazos acogedores, listos para compartir su aprendizaje con todos.

La noticia del árbol de la educación se extendió por los pueblos vecinos, y muchas personas venían a visitarlo. Se sentaban a los pies del árbol y escuchaban atentamente mientras sus hojas susurraban cuentos de historia, ciencia, arte, herramientas y filosofía; de música, de letras, de números y colores, ¡de todo! Las ramas se movían con gracia, formando figuras que ilustraban conceptos abstractos y complejos. El árbol se convirtió en un lugar de reunión, aprendizaje, reflexión y, sobre todo, diversión.

Las generaciones más jóvenes del pueblo aprendieron a apreciar la importancia de la educación y comenzaron a plantar sus propias semillas alrededor del árbol. Con el tiempo, el árbol de la educación se convirtió en el corazón mismo del pueblo Sabiduría, y su influencia se extendió, inspirando a otras comunidades a valorar y promover la educación.

Y así, el gran árbol de la educación creció y floreció, recordándonos a todos que disfrutar del aprendizaje es una semilla poderosa que, cuando se cultiva con amor y dedicación, puede transformar no solo a las personas, sino a todo un mundo.

(Historia generada usando ChatGPT)

Bibliografía

Cavus, N., Ibrahim, I., Ogbonna Okonkwo, M., Bode Ayansina, N. y Modupeo-la, T. (2023). The effects of gamification in education: a systematic literature review. *BRAIN. Broad Research in Artificial Intelligence and Neuroscience*, 14 (2), 211-241. https://doi.org/10.18662/brain/14.2/452

De-Marcos, L., García-López, E. y García-Cabot, A. (2016). On the effectiveness of game-like and social approaches in learning: comparing educational ga-ming, gamification & social networking. *Computers & Education*, 95, 99-113. https://doi.org/10.1016/j.compedu.2015.12.008

Deterding, S., Dixon, D., Khaled, R. Y Nacke, L. (2011). *From game design ele-ments to gamefulness: defining gamification.* Conference: Proceedings of the 15th International Academic MindTrek Conference: Envisioning Future Me-dia Environments. DOI: 10.1145/2181037.2181040.

Faiella, F. y Ricciardi, M. (2015). Gamification and learning: a review of issues and research. *Journal of E-Learning and Knowledge Society*, 11 (3):13-21. DOI: 10.20368/1971-8829/1072.

Guerrero, E. y Kalmi, P. (2022). Gamification strategies: a characterization using formal argumentation theory. *SN COMPUT. SCI.*, 3, 291, https://doi.org/10.1007/s42979-022-01164-3

Hamari, J., Koivisto, J. y Sarsa, H. (2014). *Does gamification work? A literature review of empirical studies on gamification.* Conference: the 47th Hawaii In-ternational Conference on System Sciences. DOI: 10.1109/HICSS.2014.377.

Kafai, Y. B. (2006). Playing and making games for learning. *Games and Culture*, 1 (1), 36-40. DOI: 10.1177/1555412005281767.

Kapp, K. M. (2012). *The gamification of learning and instruction fieldbook: ideas into practice.* Pfeiffer

Marin, I. y Hierro, E. (2013). *Gamificación.* Empresa Activa.

Orbegoso, A. (2016). *La motivación intrínseca según Ryan & Deci y algunas recomendaciones para maestros.* https://www.academia.edu/49045061/la_mo-tivacion_intrinseca_seg%c3%9an_ryan_and_deci_y_algunas_recomendaciones_para_maestros_intrinsic_motivation_according_to_ryan_and_deci_and_some_recommendations_for_teachers

Radoff, J. (2011). *Game on: energize your business with social media games*. John Wiley & Sons.

Parra-González,M. L., López-Belmonte, J., Segura-Robles, A. y Moreno-Guerrero, A. J. (2021). Gamification and flipped learning and their influence on aspects related to the teaching-learning process. *Heliyon*, 7 (2). https://doi.org/10.1016/j.heliyon.2021.e06254

Ryan, R. y Deci, E. (2000). Intrinsic and extrinsic motivations: classic definitions and new directions. *Contemporary Educational Psychology*, 25, 54-67.

Sailer, M., Hense, J. U., Mayr, S. K. y Mandl, H. (2017). How gamification motivates: an experimental study of the effects of specific game design elements on psychological need satisfaction. *Computers in Human Behavior*, 69, 371-380. https://doi.org/10.1016/j.chb.2016.12.033.

Tang , J., Zhang, P.; y Jia, Y. (2020). *Using gamification to support users' adoption of contextual achievement goals*. Proceedings of the 53rd Hawaii International Conference on System Sciences.

Uz Bilgin, C. y Gul, A. (2020) Investigating the effectiveness of gamification on group cohesion, attitude, and academic achievement in collaborative learning environments. *TechTrends*, 64, 124-136. doi.org/10.1007/s11528-019-00442-x

Índice de tablas

Índice